KB105463

습관은 반드시 실천할 때 만들어집니다.

시장 조사를 어려워하는 사람들을 위한

시장 조사 잘하는 습관

김윤태 지음

좋은습관연구소

마케팅이라는 업무를 직접 고민하며 실행하고 심지어는 어쭙잖은 실력으로 학생들을 가르쳐 보며 그렇게 오랜 시간을 지내왔습니다. 학교에서 이론적으로 배운 내용과 자신의 경험을 통해 습득한 것. 이 중 어떤 게 더 요긴했을까요?

마케팅이라는 기능은 사실 어느 회사에서나 굉장히 중요하며 회사가 생존하는 데 있어서도 가장 필요한 일임에 틀림없습니다. 잘 되면 회사의 매출을 엄청나게 증가시킬 수도 있고, 반대로 잘못되면 회사가 어려워지는 데 결정적인 역할을 하기도 합니다. 이렇게 중요한 마케팅 업무를 최근에는 비전공자들이 담당하는 경우가 점점 늘어나고 있습니다. 과거보다 마케팅이라는 분야가 특정 학문적 배경이나 체계에 국한되지 않고 인문

학부터 심리학 나아가 통계학까지 폭넓은 이해를 필요로 하다 보니 비전공자들도 마케팅 업무를 많이 하게 된 게 아닐까 하는 생각을 해봅니다.

그렇다면 마케팅을 전공하지 않은 사람들은 현장에서 어떻게 업무를 해내고 있을까요? 누가 옆에서 딱 붙어서 마케팅의 A to Z를 가르쳐 주고 있는 걸까요? 그런 고수가 옆에 있다면 다행이지만, 만약 그렇지 않다면 스스로 알아서 사례별로 그때그때 필요한 공부를 체계 없이 해왔을 것입니다. 물론 이렇게라도 해왔다면 무척 다행스러운 일이고 칭찬해줄 만한 일입니다. 하지만 이렇게 공부를 하게 되면 마케팅에 대한 부분적인 접근만 하게 되어 전체적인 전략을 수립한다거나 좀 더 근원적인 고객 니즈를 발굴하는 안목을 기르는 데에는 꽤 많은 시간이 필요합니다. 사실 책의 역할이라는 것이 바로 그런 시간을 앞당겨 주는 역할이라고 생각합니다. 스스로 '마케팅의 목차'를 세울 수 있고, 전체적인 프레임을 짤 수 있도록 도움을 주는 것이죠. 그래서 저는 좋은 마케터가 되려면 다양한 업무 경험 그리고 본인만의 추가적인 이론적 공부를 통해 자신을 발전시켜 나가는 것이 자신만의 마케팅 관점과 체계성을 기르는 핵심이라고 생각합니다.

안데르스 에릭슨 박사의 '1만 시간의 법칙'에 따르면 1만 시간을 투자한 사람은 누구나 성공해야 하지만 그 결과는 천차만

별이라고 합니다. 그 이유는 의외로 1만 시간이라는 어마어마한 시간을 연습의 선순환으로 활용하지 못하는 사람들이 많기 때 문입니다. ('얼마나 오래'가 아니라 '얼마나 올바른 방법'으로 1만 시간을 사용하느냐.) 에릭슨 박사가 말하는 '연습의 선순환'은 무엇일까 요? 그것은 반복적이고 체계적으로 축적되어 온 '좋은 습관'을 말합니다.

지금부터 제가 말씀드리는 시장과 고객을 읽는 습관(=시장 조사를 잘 하는 습관)은 마케팅 담당자로서 갖고 있어야 하는 좋은 습관을 말합니다. 이 내용은 아직 현장 경험이 없는 후배들을 대상으로 하는 학교 강의이기도 합니다. 학교에서 이야기할 때 는 정해진 진도에 맞춰서 시험과 평가를 해야 하다 보니 좀 더 본질적인 이야기를 나누기가 어려웠습니다. 하지만 책을 통해 서는 시장 조사에 임할 때 갖춰야 할 중요한 관점과 태도에 대 해 제 경험을 살려서 자세하게 말할 수 있었습니다. 그래서 무 척 다행이라고 생각합니다.

이제는 소비자를 이해하는 일이 대기업만의 일이거나, 자원 과 인력이 충분한 기업만의 일이 아닙니다. 스타트업부터 소상 공인 우리 주변의 음식점, 카페의 운영자 같은 1인 기업가분들 에게도 소비자를 이해한다는 것은 엄청나게 중요한 일이 되었 습니다. 이 책은 큰 비용을 들이지 않고서도 작은 노력만으로 고객을 이해하고 소비자의 마음을 엿볼 수 있는 방법을 소개하고 있습니다.

이 책에서 제시하는 '시장을 조사하고, 소비자를 이해하는 습관' 중 몇 가지만이라도 독자들의 기억 속에 남아 마케팅과 신제품 개발에 잘 활용되었다는 이야기를 들을 수 있었으면 좋겠습니다.

2020년 삼성동에서

김윤태

CONTENTS

1부. 관찰

1

기존 제품과의 차이점 100개를 적어보자

이 책은 어떤 분들이 읽을까? 하는 생각을 해보았습니다. 어쩌면 살짝 무거운(?) 제목임에도 불구하고 이 책을 읽고 있는 분들이라면 소비자를 이해하는 데 첫발을 떼고 있는 신입 사원이거나 새로운 제품 개발에 대한 압박을 받고 있을 회사의 중견 간부, 혹은 1인 창업자나 벤처 기업을 운영하는 대표님 같은 분들이 아닐까요? 한 가지 확실한 건, 이 책의 독자분들은 소비자와 시장을 이해하고 소비자가 좋아할 만한 것을 기획해서 시장에 내놓고 싶은 분들일 것이라는 점입니다.

시장 조사라는 것은 과연 무엇일까요? 일반적으로 시장의 의미는 B2B 기업에서는 고객이 되는 '고객사', B2C 기업에서는 '소비자'를 지칭합니다. 이런 관점에서 볼 때 B2C 기업에서의 시장 조사는 소비자를 조사하는 일이 되고, B2B 기업에서의 시장 조사는 내가 판매하고 있는 제품이나 서비스를 구매해 주는 담당자를 조사하는 것이 됩니다. 내가 해답을 누구에게서 얻고자 하는가를 중심으로 보게 되면 조사하는 대상이 소비자와 담당자로 달라지기 때문에 조사 방법도 많이 달라지게 됩니다.

하지만 조사 대상이 다름에도 불구하고 공통적으로 중요한 것이 있습니다. 그것은 바로 **"어떤 것이 궁금하고 그것을 누구에게 물어봐야 할까"**하는 것입니다. 이 중에서도 "누구에게 물어볼 것인지"는 상대적으로 쉽게 파악이 됩니다. 하지만 조사의 핵심인 "무엇을 물어봐야 하느냐"에 있어서는 약간의 고민이 더 필요합니다. 왜냐하면 무엇을 물어볼 것인가는 시장 조사의 가장 기본이자 중심이 되기 때문입니다.

혹자는 이런 이야기를 합니다. 소비자 조사는 10분을 넘어가면 응답의 질이 떨어지기 시작한다고. 맞습니다. 조사가 길면 귀찮아지고 힘들어지니 대답하기가 싫고, 그렇게 되면 대충 응답하는 일이 발생합니다. 이런 일을 막기 위해서는 바로 '질문의 핵심'을 찾아 명확하게 물어보고 짧은 시간 내에 조사를 끝내야 합니다. 핵심만 물어보면 시장 조사가 빨리 끝날 수 있을 테니 질문의 핵심을 파악하는 것은 시장 조사에 있어서 가장 중요한 일입니다.

그렇다면 어떻게 해야 핵심을 잘 찾을 수 있을까요? 지금 제가 말씀드리려는 답은 어쩌면 모든 일의 시작이고, 모든 발전의 기반이 되는 것이기도 합니다. 무엇일까요? 그것은 바로 '관찰하는 습관'입니다. 이렇게 말씀드리면 "나도 관찰 잘하는데?"라고 대답하는 분들이 계시겠지요. 하지만 제가 강조하고자 하는 관찰은 단순히 차이를 살피는 것이 아니라, 그것보다는 한 차원 높은 '차이를 느끼는 것'을 말합니다.

많은 여성분들은 다양한 브랜드의 립스틱이 어떤 차이를 갖고 있는지 이미 잘 알고 있습니다. 립스틱별 컬러의 특징과 발림성, 바른 후의 지속성, 립스틱 용기의 기계적 움직임 등 세세한 부분까지 너무나도 잘 알고 계십니다. 남성분들은 어떨까요? 여성분들보다 세부적인 요소들에 대한 관심이 떨어질까요? 아닙니다. 남성분들의 경우에는 자동차를 구매할 때 브랜드, 색상, 제원, 연비, 토크, 각종 옵션 등을 면밀히 비교하고 따집니다. 제품에 따라 남성분들도 여성분들에게 절대 뒤지지 않는 관찰의 재능을 발휘합니다. 이 말은 남성이든 여성이든 자신이 관심 있어 하는 것에 대해서는 누구나 디테일한 관찰력을 발휘한다는 것을 뜻합니다. 즉, 남들이 보지 못하는 부분을 보고, 그 차이를 발견한다는 것이죠. 이처럼 핵심을 파악하는 질문을 위해서는 관심과 애정을 가지고서 좀 더 세부적인 부분까지 비교해서 이

것이 좋고, 이 부분은 좀 부족하고, 이 부분은 이렇게 개선하는 것이 필요하고 하는 식으로 자신의 생각을 정리하는 것이 중요합니다. 정리하자면 우리 고객과 제품은 물론이고 타사의 고객과 제품까지 내가 관심을 가지고 있는 자동차나 화장품처럼 비교하고, 제품마다의 섬세한 차이를 느낄 수 있는 '관찰 습관'이 필요하다는 것입니다. 이런 습관이 갖춰질 때 진정한 소비자 조사의 기반을 마련할 수가 있게 됩니다.

혹시, 여러분은 숨은그림찾기 좋아하시나요? 시장 조사는 숨은그림찾기와도 같습니다. 이제는 과거와 달리 독보적인 위치를 가진 제품이 굉장히 드뭅니다. 성공적인 신제품이라 할지라도 기존 제품과 비교했을 때 큰 차이가 존재하지 않는 경우가 훨씬 많습니다. 하지만 이런 작은 차이가 결국에는 소비자의 선택과 시장의 성공 기회를 만들어 냅니다. 경쟁자들은 간과하고 놓쳐버리는 것. 어떻게 하면 이런 것들을 놓치지 않는 습관을 만들 수 있을까요? 저는 단언컨대, **관찰 일지와 새로운 발견 사항 정리!**라고 생각합니다.

이제부터는 이렇게 해보세요. 시장에 주목할 만한 신제품이 나왔다면 그 제품이 가지고 있는 기존 제품과의 차이점 100가지 정도를 적어보는 것입니다. 100가지나 과연 적을 수 있을까 싶겠지만 실제로 해보면 적어볼 수 있답니다. (일단 해보세요.) 이 같은 방법으로 100가지 차이점을 적다보면 제품 자체의 미세한 차이를 발견하는 것은 물론이고, 자연스레 타깃 소비자 분석도 가능해집니다. 소비자의 태도나 선호의 이유 등 인구통계학적인 측면에서부터 사회 문화적인 성향까지, 100가지의 다른 점을 적기 위한 관찰을 통해 새로운 걸 발견할 수 있게 됩니다. 차이를 느끼는 관찰 습관, 이 시작이 정말 중요합니다.

2

소비자 자신도 모르는 속마음, 알아내는 법

"어떻게 하면 소비자의 진짜 속마음을 알아낼 수 있을까?" 사람들은 질문에 답을 할 때 솔직하게 말하지 않는 경우가 있습니다. 만약 자신의 대답이 공개된다고 한다면 더더욱 그럴 사람은 많아지겠죠. 기획자로서 혹은 마케터로서 고객에게 질문을 해야 하는 상황이라면 고객이 밝히지 않는 속마음을 어떻게 하면 정확히 읽어낼 수 있을까요?

제가 생활용품 회사에서 경험했던 예를 들어 보겠습니다. 세탁용 세제 프로모션을 하기 위해 기존 제품 대비 플라스틱 백 (파우치-리필 용기)에 들어있는 제품의 용량을 20% 정도 증량을 하였습니다. 그리고 전면에 '20% 증량'이라고 큰 글씨로 써 놓았습니다. 저는 당연히 프로모션 제품의 매출이 크게 상승할 것으로 예상했습니다. 그런데 어떻게 된 일인지 매출이 그대로인 겁니다. 물론 1%도 늘지 않았나? 그건 아니고 판매 물량은 5% 정도 늘었습니다. 그러나 기대(적어도 20%)한 것에 비하면 엄청 못 미치는 결과였기 때문에 프로모션을 기획한 저로서는 너무나 당황스러웠습니다. 이럴 때는 어떻게 해야 할까요?

독자분들은 이런 경우 프로모션의 실패 원인을 어디에서 찾고자 할까요? 맨 먼저 인터넷 검색이나 기존의 자료들을 찾아보는 데스크 리서치를 해보겠죠? 저는 아래와 같은 방식으로 해보았습니다.

1) 실적 부진의 예상 원인을 적어도 5개 정도 적어본다.

2) 각 예상 원인을 뽑게 된 근거(가설)를 적어본다.

3) 예상 원인을 검증하는 방법과 거기에 드는 비용을 적어본다.

여러분들이라면 어떻게 적었을까요? 이 글을 읽는 분들은 시장에 대한 관심이 많은 분들이니까 매출이 늘지 않는 이유를 더 다양하게 적었을 것 같습니다. 제 예상으로 여러분들이 많이 적었을 것 같은 매출 부족 원인들은 아마도 이런 게 아닐까요?

1) 진열이 잘 안 돼서 소비자에게 잘 보이지 않는다.

2) 경쟁사들이 우리의 '20% 증량'에 비해 더 강한 판촉 활동

을 하고 있다.

3) 지금은 판매가 잘 되는 계절이 아니다.

4) 기존의 용량도 이미 충분할 정도의 용량이다.

5) 포장 용기가 덜어 쓰기 어렵게 만들어졌다.

만약 시장과 제품에 대해 더 잘 알고 있는 마케팅 담당자라면 좀 더 세부적인 이유를 들 수도 있겠지만 지금은 방법을 배우는 자리인 만큼, 저는 위의 리스트처럼 대략 다섯 가지로 프로모션의 실패 원인을 꼽아보았습니다. 이처럼 실적 부진의 이유를 생각으로 정리해 보는 것이 '데스크 리서치'입니다.

하지만 실제로 진열이 잘 되어 있는지 그렇지 않은지는 매장을 방문해봐야 알 수 있겠죠? 당연히 책상이 아닌 시장에서 확인을 해야 합니다. 이 작업은 정말 중요합니다. 이렇게 말씀드리는 이유가 많은 분들이 책상에 앉아서 정리한 예상 원인만 가지고서 시장의 변화를 설명하려는 오류를 범하기 때문입니다. 본인이 확인하고 느끼지 않은 채, 예상만 가지고서 시장을 설명하거나 현상을 짐작하는 경우 심각한 오류를 범할 수 있게 됩니다. 대기업이건 중견 기업이건 소기업이건 간에 소비자와 제품을 담당하는 사람이라면 반드시 "왜 그런가?"와 "정말 그런가?"를 책상이 아닌 시장에서 이유를 찾아보는 습관을 만들어야 합니다. 그렇지 않으면 남이 주는 정보와 데이터 그리고 보고서로만 시장을 이해하게 되고, 그러다 보면 시장에 대한 감각을 잃

어버리게 됩니다.

다시 세제 판매 부진 이유를 조사하던 사례로 돌아와서, 매장에 나가서 살펴본 결과는 다음과 같았습니다.

1) 진열이 잘 안 돼서 소비자에게 잘 보이지 않는다 : 진열은 원래 프로모션 전에도 5단 진열대 중 가장 낮은 1단에 있었습니다.(X)

2) 경쟁사들이 우리의 '20% 증량'에 대비해 더 강한 판촉 활동을 하고 있다 : 경쟁사들의 판촉은 자사와 동일했습니다.(X)

3) 지금은 판매가 잘 되는 계절이 아니다 : 사계절 고루 팔리는 제품이었습니다.(X)

4) 기존의 용량도 이미 충분할 정도의 용량이다 : 한 번에 두 개를 사는 사람도 많았습니다.(X)

5) 포장 용기가 덜어 쓰기 어렵게 만들어졌다 : 캡이 달려 나눠서 사용하는데 편리했습니다.(X)

제가 시장에서 직접 확인하기 전에 세웠던 판매 부진의 원인들은 모두 틀렸습니다. 여러분이 뽑았던 가설은 어떤가요? 실제 현장에서 확인해보니 얼마나 적중했나요? 그렇다면 어떤 이유로 매출이 부진했던 것일까요?

에스노그래픽 스터디(Ethnographic Study)라는 시장 조사 방법이 있습니다. 소비자가 하는 행동을 주의 깊게 관찰하는 것으로(보통은 카메라로 촬영을 하면서 움직임과 말소리를 모두 녹화) 소비자 스스로도 설명하지 못하는 무의식적인 혹은 의식적이지만 기억하지 못하거나 말로 재현은 어려운 실제 있는 그대로의 소비자 행동을 관찰 분석하는 시장 조사 방법입니다. 너무 거창하게 볼 것 없이 그냥 매장에서 소비자들이 구매하는 상황을 긴 시간 동안 잘 관찰해보는 것도 에스노그라픽 스터디 중 하나라고 할 수 있습니다.

저는 이 사례를 이해하기 위해 3일 동안 프로모션 제품이 판매되고 있는 매장으로 출퇴근 하면서 '왜 매출이 늘지 않을까?'를 고민하고, 소비자들의 구매 상황을 관찰했습니다. 결과는 어땠을까요? 놀랍게도 소비자는 제품을 구매할 때 포장에 쓰여 있는 문안을 자세히 보지를 않았습니다. 한마디로 너무나 익숙하다는 거죠. 제품 포장을 자세히 살펴보며 포장에 적힌 문구도 보고 해야 하는데 그렇지 않았습니다. '20% 증량'이라고 쓰여 있는 걸 확인할 수 있어야 "아! 이게 더 싸네"하고 프로모션 제품을 선택할 텐데, 그냥 습관적으로 장바구니에 기존 제품과 동일한 제품을 담고 있었기 때문에 프로모션 제품이 추가로 더 판매될 리가 없었습니다. 게다가 기존 제품이 소진된 후 프로모션 제품이 나오는 게 아니라 기존 제품과 프로모션 제품이 함께 진열되고 막 섞이다 보니 소비자들은 더 이상 둘 사이를 구분 하지 못하는 게 당연했습니다.

이후, 저는 제품의 높이를 키우고 그 높아진 끝부분에 빨갛게 띠를 두르고 프로모션 내용이 잘 보이도록 크게 문안을 써넣었습니다. 제품의 키가 좀 더 크면 진열대에서 좀 더 다르게 보이지 않을까? 끝이 빨갛고 글씨가 있으니 보이지 않을까? 하고 생각했기 때문입니다. 하지만 이전과 마찬가지로 결과는 그다지 신통치 못했습니다(물론 그 전 5%보다는 매출이 증대되었습니다). 저관여 생활용품의 소비자들은 제품의 키가 커지건 높아지건 간에 신경을 많이 쓰지 않는 것 같았습니다. 그래서 저는 이번에는 같은 제품을 묶어서 1+1 형태로 하나의 비닐 팩을 만들고 그 위에 띠를 붙여서 프로모션을 알리는 패키징을 만들었습니다(요즘에는 이런 식의 과포장은 제한이 많습니다). 이렇게 하니 위에 커다랗게 글씨도 쓸 수 있고, 기존과는 좀 더 다른 제품 같아 보였습니다. 실제로 이렇게 했더니 초기 판촉 효과는 엄청나게 컸습니다. 물론 다른 경쟁사들이 금방 다 따라 해서 얼마 못 가서 시들 해지긴 했지만 말이죠.

길게 제 경험을 말씀드렸는데요. 결국 하고 싶은 이야기는 소비자는 항상 논리적이지 않다는 것입니다. 많은 분들이 하는 실수가 소비자는 합리적으로 제품을 보고 판단할 거라고 생각한다는 점입니다. 우리가 심리학을 배워야 하는 이유도 이 때문입니다. 소비자의 속마음을 알아내기 위해 "왜 그럴까?"를 습관적으로 고민하는 이유도 이처럼 논리적으로 해결될 수 없는 문제에 대응하기 위해서입니다.

다양한 방향에서 문제의 원인을 찾다 보면 생각지도 못한 곳에서 쉬운 해결책을 찾아내기도 합니다. 만약 그냥 '그럴 것 같다'라는 이유로 소비자의 속마음을 이해했다면 소비자의 본질적인 요구 사항이나 행태에 대한 진정한 차이점 발견은 불가능했을지도 모릅니다.

날카로운 관찰과 이유에 대한 끊임없는 고민은 소비자를 이해하는 중요한 첫 번째 습관이자 태도입니다. 여러분들도 "왜 그럴까?"라는 궁금한 사항이 있으면 예상 이유를 적어 보고, 현장으로 뛰어가 섬세하게 관찰해보세요. 여러분의 예상과 실제 원인은 크게 다를 수 있습니다.

3

데이터 쓰레기를 만들지 않으려면

마케팅 업무를 담당하며 오랜 시간 이 일을 하다 보면 다른 사람들로부터 소위 '전문가'라는 이야기를 듣기도 하고 또 스스로를 그렇게 생각하기도 합니다. 이 대목에서 이런 질문 하나를 드리고 싶습니다. "진짜 전문가는 어떤 사람을 지칭하는 걸까요?"

객관적이고 과학적인 관점에서 데이터를 중심으로 분석과 의사결정을 진행하며 소비자의 감성적인 부분까지도 고려할 수 있는 사람을 일반적으로 마케팅 전문가라고 부릅니다. 물론 이런 전문가의 정의는 '소비자를 이해하는 시장 조사'라는 관점에서 말씀드리는 것입니다. 예를 들어 20년 가까이 농사를 지어온 전문가 농부를 가정해 보겠습니다. 어느 날 마을로 한 귀농 부부가 이웃 집으로 이사를 왔습니다. 그리고는 다음과 같은 질문을 했습니다. "제가 파프리카를 한번 키워 볼까 하는데 어떻게 하면 좋을까요?" 이때 20년 차 농부는 어떻게 대답했을까요?

"파프리카 재배 작형은 8월에 정식하여 이듬해 7월까지 재배를 하고요. 대개는 양액 재배로 많이 합니다. 고소득 작물인 건 확실한데 겨울에 보온에 힘써야 합니다. 그래서 난방비가 많이 들어갑니다. 파프리카 씨앗 구입처는 인터넷에 대농원예라고 검색해보세요. 전화번호가 나와 있습니다. 아주 친절하게 답해 주실 겁니다. 하우스는 돈이 많다면 유리 온실로 해보면 좋아요. 다만 아주 돈이 많아야 합니다. 유리 온실은 평수에 따라 좀 다르기는 해도 보통 몇십억 정도는 예상하셔야 할 거예요. 그리고 또 다른 대안 온실은 파이프 온실입니다. 우리나라 대부분 농민들은 파이프 온실을 이용합니다. 너무 쉽죠?"

귀농 부부에게는 정말 쉬운 답변이었을까요? 그 부부는 과연 파프리카 농사를 시작할 수 있었을까요? 제 생각에는 불가능했을 것 같습니다. 농사 경험이 많은 분들이야 기본적으로 다 알고 있는 단어와 말이겠지만 이제 막 귀농한 사람 입장에서는 이해조차 어려운 말들만 들릴 것입니다. 아마도 귀농 부부는 "뭐라는 거야. 내가 알고 싶은 건 하나도 안 가르쳐 주고! 맨 처음부터 무엇을 해야 하는지 알려줘야 뭐라도 할 것 아냐." 이렇게 화를 냈을지도 모르겠습니다. 이럴 때 비전문가에게 필요한 것은 전문가의 잘 정리된 자료입니다. 체계적으로 기록되고 축적된 자료(Data) 말입니다. 그저 경험과 감에 의해서만 알려준다면 숙달된 본인만 알 수 있는 것이 되겠죠.

제가 TV에서 30년간 농사 일지를 작성해서 자신이 키워온 작물, 파종 시기, 씨앗의 상태, 구매처, 일기, 생육 조건, 일자 별 강수량 등을 촘촘하게 적고 그에 따른 작황 그리고 판매 금액과 수익까지 자세하게 기록하는 농부를 본 적이 있습니다. 이렇게 만들어지는 것을 데이터(Data)라고 합니다. 이 데이터를 분석하고 해석하는 과정을 거치게 되면 유용한 정보(Information)가 됩니다. 따라서 정보를 만들기 위해서는 **데이터를 축적하고, 경험**을 기록하는 과정이 매우 중요합니다. 신제품을 출시하거나 디자인을 변경하거나 맛을 조정하거나 혹은 판촉의 방법을 변경하거나 할 때마다 시장의 반응을 꼼꼼하게 기록해 놓으면 그 자료는 언젠가 중요한 정보가 되고, 향후 이를 기반으로 한 예측 가능한 시나리오를 만들 수 있게 됩니다.

기저귀를 만들고 판매하는 두 회사가 있다고 가정해 보겠습니다. 기저귀는 제품의 특성상 다양한 클레임이 들어오는데 A 사는 클레임이 들어오면 그때그때 클레임의 종류, 제품의 형태, 클레임의 내용, 소비자 해결 방안, 연령, 남아/여아 등의 여러가지 항목을 구분하여 자료로 축적을 했습니다(적어도 엑셀로). 반면 B사는 제품의 형태를 기준으로 몇몇 개의 단순한 정보를 타이핑해서 넣어 두었습니다. 이 데이터들이 시간을 두고 쌓이게 된다면 어떤 차이를 만들어 낼까요?

1년 정도 지나고 나면 A사는 항목별로 문제점과 발생 시기, 발생 빈도, 성별 차이, 제품의 형태에 따른 다양한 문제점을 복합적으로 분석할 수 있게 됩니다. 그런데 단순히 고객의 클레임 정보를 일자 별로 한 칸에 한 문장으로 기록하기만 한 B사는 어떻게 될까요? B사는 상세 내용을 들여다볼 수 없는 거대한 고객 불만 자료 더미를 갖게 될 것입니다. 고객별로 의견을 살펴볼 수는 있겠지만 통계적으로 '이런 의견들이 많다' '무엇이 문제다' 식의 해석이 가능한 자료는 나오기가 불가능해 집니다. 이 경우에는 그냥 매달 정리해서 보고하는 정도가 최선이었을 것입니다.

다음에 있는 표는 과거에 많이 사용하던 고객 불만 정리 테이블입니다. 이런 형태의 고객 클레임 자료 정리 방법은 통계처리를 하거나 또는 정보화에도 써먹을 수 없습니다. 최소한 엑셀 형태로라도 항목별로 구분해서 자료를 정리하고 축적해야 활용이 가능합니다.

이를 다시 한번 정리해 보겠습니다. 소비자를 이해하기 위해서는 자료를 기록하고 축적하는 것이 중요한데, 무작정 기록하고 축적하는 것이 아니라 향후 어떤 분석을 할 것 인지를 미리

상담유형: 클레임.장재불만

(기간 ~ 12.16 ~ ~ 12.21)

No	제품명	규격	수량	제조일	VOC요약 / VOC상세	접수일 / 개선여부
1	○결용샴푸(R)	600g	1개		▶ 온 식구가 두피 가려움 다른 제품을 사용하다 ~ '기 제품을 구입, 사용하고 있는데 두 말아 이를 비롯해 온 집안 식구가 두피 가려움에 시달려 사용하지 못하겠음. -> 20일 계속해서 전화드리고 했드론 음성 남기능하오나 연락없지 않음.	2~ '216
2	○에어솔루션린스(신형)	400g	1개		▶ 향이 이상함 3번째 구입하여 사용중인데 운동을 하기 때문에 헬스장에서 사용하는데 주변 사람들이 이상하게 가스냄새가 난다고 하여 린스 냄새를 알아보니 기존에 사용하던 것과 달리 가스냄새 발생.알라스틴 사용해본 다른 사람들도 모두 향이 이상하다고 하니 확인바람(LOT: 대용량 제품을 작은용기에 각각 덜어 사용하므로 확인됨)	~ '220
3	○○추얼-패션칼라용	834(트로피칼오렌지)	1개		▶ 산화제가 잘못 들어있음 시누이가 인콧에서 제품을 구입해서 지금 시술해달라고 하여 보니 케이스에는 산화제가 75ml라고 표기되어 있는데 내용물은 60ml임.원래 미용을 해본 사용자라 정확히 확인 보고 하니 문제가 있자만 혹시 직접 시술하여 보면 발생시 어떻게 할면 했는가? 지금 당장 시술해야 하니 교환을 할 수 없고 이에 대한 보상은 어떻게 해줄 것인가? ~ 지금 당장 사용해야 한다고 교환거절하시고 알모제 사용량을 덜어 사용하시도록함.	~~ '17
4	○에어마사지	220ml(약국)	1개		▶ 누름쇠부위 파집 구입하여 1/3정도 사용했는데 누름쇠 부위가 파집 다시 끼워보니 누름쇠가 작동하지 않고 내용물이 주변으로 새어 사용할거움	~ '?18
5	○○라슬림	소형90p	1Pack	20021124	▶ 소변샘 그동안 ~ 계속 사용했으나 이번에 구입한 제품은 다리밴드도 너무 얇고 이중생방지부분이 높하지않아 소변이 많이 샘. 예전에 사용하던 제품과 비교해도 무너도 흘리고 밴드부분이 헐거움. (소형90p)	2~ '221
6	○○	대형50p	2Pack	20021121	▶ 화학 약품 냄새 발생 지난번에 사용할 때는 이런 냄새가 나지 않았는데 이번에 구입한 제품은 화학 약품 냄새가 심하게 발생하여 사용하지 못하겠음.	~~ '?16

잘못 축적된 데이터 사례

년	월	상담구분	제품군	브랜드	유형1	내용1	내용2	처리내용	담당자
2015	8	정보	건강식품	메키	포장	재질	분리수거	방문	홍길동
2015	9	정보	건강식품	브라운	배송	배송회사	배송지연	방문	홍길동
2015	11	교환	건강식품	브리또	유통기한	온라인구매	10일경과	회수	홍길동
2015	11	교환	건강식품	파이슨	파손	포장파손	박스파손	회수	홍길동
2015	12	클레임	건강식품	메키	맛	맛이짜다	못먹을정도	방문	홍길동
2015	12	클레임	건강식품	브라운	향	딸기향이 없다	딸기향 확인	방문	홍길동
2015	12	클레임	건강식품	브리또	맛	맛이쓰다	내용물확인	방문	홍길동
2015	12	클레임	건강식품	파이슨	향	딸기향없다	맛이없다	방문	홍길동
2015	12	문의	건강식품	메키	성분	보존료	보존료종류	재통화	홍길동
2016	1	문의	건강식품	브라운	성분	효과	기본설명	재통화	홍길동
2016	2	문의	건강식품	브리또	성분	효과	기능설명	재통화	홍길동
2016	2	문의	건강식품	파이슨	고객센터	AS센터문의	포장확인	재통화	홍길동
2016	3	클레임	일반식품	메키	피부발진	섭취 후 발진	알러지확인	방문	홍길동
2016	3	클레임	일반식품	브라운	발진	섭취 후 발진	알러지확인	방문	홍길동
2016	3	클레임	일반식품	브리또	변질	유통기한내 변질	포장재확인	방문	김미남
2016	3	클레임	일반식품	파이슨	변질	유통기한내 변질	포장재확인	방문	김미남
2016	3	클레임	일반식품	메키	유통기한	2년기준 설명	내용물확인	방문	김미남
2016		정보	일반식품	브라운	포장방법	재질	분리수거	전화종료	김미남
2016	4	정보	일반식품	브리또	배송	배송회사	배송지연	전화종료	김미남

활용이 가능한 데이터 축적 사례

정해두고 자료를 축적하는 것이 중요합니다. 향후 분석을 어떻게 할 것인지 미리 정해 두고 데이터 축적을 해야 나중에 진정한 정보로서 활용 가치를 갖게 됩니다. 그리고 의미 있는 시장 분석 자료로도 활용할 수 있게 됩니다.

정말 오래전에 나온 책이지만, 그 당시에도 또 지금도 정보를 관리하는 분들에게 시사하는 바가 있어서 소개합니다. 『정보 정리의 기술』이라는 책입니다. 저자는 와다 히데키이고, 2010년 국내에 출간되었습니다. 부제가 '천재들의 컴퓨터 메모 법'이라고 되어 있습니다. 요즘 보기에는 좀 웃긴 제목 같지만, 이 책에서 이야기하고 있는 데이터 축적의 방법이 지금까지 제가 이야기 드렸던 축적의 개념과 유사합니다. 그 책에서는 소비자를 이해하기 위해서는 데이터가 축적되어야 한다는 것 그리고 무작정 모으는 것이 아니라 **어떻게 사용할 것인지를 명확히 하고 모아야** 한다는 점을 수차례 강조하고 있습니다.

여러분들도 혹시 소비자를 이해할 수 있는 중요한 자료들을 쓰레기로 만들고 있지는 않는지, 스스로 확인해 보면 좋을 것 같습니다. 그리고 내가 모으고 있는 그 자료가 어떻게 분석되어서 어떤 정보가 될 것인지 반드시 사전에 염두에 두고서 자료를 정리해야 합니다. 혹시 관련 부서가 따로 있다면 내가 모으는 데이터가 어떻게 활용되는지도 물어보세요. 만약 내가 모으고 있는 자료가 활용이 어려운 형태라면 활용 가능한 방향으로 데이터 수집 형태와 항목을 재정비해야 합니다. 그러고 나서 다시 자료를 모아야 합니다. 그렇게 1년 정도 데이터 정리를 꼼꼼히 해두어야 시장 조사에서 제대로 활용할 수 있는 전문적인 데이터가 만들어집니다. (적어도 전년 비교는 할 수 있어야 되겠죠.)

2부. 이해

4

시장 조사를 두 번 반복하지 않으려면

"넌 네가 뭘 모르는지 알고 있어?" 사실 이 문장은 굉장히 유명하고 오래된 질문인데, 고대 그리스의 소크라테스가 한 질문으로 플라톤의 대화록 『소크라테스의 변명』에 나오는 문장입니다.

어느 날 소크라테스의 친구 카이레폰은 델포이 신전에 가서 세상에 소크라테스보다 더 슬기로운 사람이 있느냐고 물었습니다. 그랬더니 델포이 신전의 신관은 소크라테스보다 더 슬기로운 사람은 아무도 없다고 대답을 합니다. 이 말을 전해 들은 소크라테스는 그럴 리가 없다고 생각합니다. 왜냐하면 아테네에서만 하더라도 둘째가라면 서러울 정치가, 예술가, 과학자들이 많은데 맨발로 시장 주변이나 돌아다니며 보통 사람들과 토론이나 일삼는 자기를 세상에서 가장 슬기로운 사람이라고 한다는 것이 이상했던 것입니다. 그래서 자기보다 더 슬기로운 사람을 찾아 카이레폰의 이야기가 틀렸음을 증명하고자 합니다.

소크라테스는 당시에 아테네에서 가장 슬기롭다고 알려진 많은 사람들을 찾아다닙니다. 그리고 그들과 이야기 나누는 과정에서 놀라운 사실을 발견하게 됩니다. 그것은 자기가 안다고 주장하는 것에 대해서 확실히 알지도 못하면서도 자기가 '잘 모른다'는 사실을 아무도 인정하지 않으려 한다는 것이었습니다. 그제야 소크라테스는 델포이 신전의 신관이 무엇을 말하는지 깨닫게 됩니다. 신관이 소크라테스를 가장 슬기로운 사람이라고 한 것은 소크라테스는 적어도 '자기가 모른다'는 사실은 알고 있고, '자기가 모른다는 사실'을 인정한다는 점에서 다른 사람들보다 더 낫다고 판단한 것입니다.

이 이야기는 시장 조사를 하는 우리에게도 아주 중요한 의미를 제공합니다. 한마디로 말해 시장 조사를 하기 전, 나는 무엇을 모르는지, 무엇을 알고 싶은지를 소크라테스처럼 명확하게 정의할 수 있어야 한다는 것입니다. "넌 네가 뭘 모르는지 알고 있어?"라는 질문은 말장난 같기도 하지만, 사실은 시장 조사에 있어서 매우 중요한 문제입니다. 그런데 이렇게 중요한 것을 우리는 간혹 놓치는 경우가 있습니다. 즉, 내가 무엇을 파악해야 하는지 명확히 규명하지도 않은 채 그냥 조사한다는 사실에만 집중해서 정작 중요하지도 않고, 당장 필요하지도 않은 것들만 잔뜩 알아 오는 경우입니다. 이런 경우, 조사 결과에 대한 타당성(내가 조사하고자 하는 것을 명확하게 조사했는가)과 신뢰성(조사 결과를 믿을 수 있는가)이 떨어져 다시 조사하는 일을 하게 되기도 합니다.

그러면 '뭘 모르는지' 그래서 '뭘 알고 싶은지'를 '어떻게 명확하게' 정의할 수 있는지, 그 방법을 한번 생각해 보겠습니다. '내가 시장 조사를 하는 이유' 다들 그 정도는 너무나 당연히 알고 있다고 생각하시죠? 하지만 생각보다 그렇지 않습니다. 시장 조사를 위한 질문을 만들 때 가장 흔하게 하는 실수들을 아래에 적어 보았습니다. 한번 체크해보시기 바랍니다.

1) 전반적으로 너무나 알고 싶은 것이 많다.

2) 나를 기준으로 물어본다.

3) 나도 무엇을 알고 싶은지 정확히 모른다.

4) 업무를 지시한 사람도 무엇을 알고 싶은지 잘 모른다.

이 네 가지 정도가 시장 조사를 기획할 때 가장 많이 하는 실수입니다. 여러분들은 어떤가요?

첫 번째, '너무나 알고 싶은 것이 많다'는 실제 연관성은 어느 정도 있겠지만, 정작 설문 조사를 통해서 알고 싶은 핵심 요지와는 상관없는 질문을 많이 하다 결국, 원래 알고 싶었던 것을 제대로 묻지도 못하고 조사가 끝나버리는 경우를 말합니다. 나는 절대 안 그럴 것 같다고요? 실제 조사 현장에서는 정말 자주 발생하는 문제입니다. 예를 들어 콤팩트 파우더의 향 선호도 정도를 알고 싶은데 막상 조사 설문지를 만들다 보면 브랜드는 어떻게 선택하는지, 용기는 어떤 걸 편하게 생각하는지, 어디서 제품을 구매하는지, 얼마에 구매하는지, 얼마 만에 구매하는지 등 이것저것 곁가지 질문을 설문 항목에 넣는 경우가 있습니다. 그렇게 되면 조사할 때 대답하는 사람이 사전 질문에 지쳐버리게 되고, 실제로 물어봐야 할 질문에 대해서는 그냥 좋다/싫다 정도로만 답을 해버리고 끝나버리는 경우가 생기게 됩니다. 이렇게 해서는 향의 선호 여부뿐만 아니라 좀 더 세부적으로 왜 좋은지/싫은지, 그래서 어떤 부분이 좋은지, 직접 향을 맡아보니 어떤 느낌이 드는지, 이런 식의 프로빙(이렇게 계속 물어보는 걸 'proving'이라고 합니다)을 못하게 됩니다. 이렇게 조사를 하면 한마디로 망하게 됩니다. 이 조사 결과를 어디에 쓰겠습니까? 제품을 개선하는데 쓸 수 있겠습니까? 불가능합니다. 결국 다시 조사해야 하는 일이 발생하게 됩니다.

두 번째, '나를 기준으로 고객에게 질문'을 하는 경우인데, 이것도 엄청 많이 하는 실수 중 하나입니다. 설문지를 만들 때 "중학생이 읽어도 무슨 말인지 알아들을 수 있게 쉽게 질문을 만들어라"라는 말이 있습니다. 같은 성분과 재료로 만든 다이어트 보조 식품이 3천 원부터 6만 원의 가격으로 판매되고 있다고 가정해 봅시다. 6만 원짜리 제품을 구매한 고객에게 "왜 고객님은 3천 원짜리 대신 6만 원짜리를 구매하셨나요?"라고 물어보면 고객이 쉽게 답 할 수 있을까요? 질문을 하는 사람이야 다이어트 보조재 성분도 잘 알고 있고, 제품이 다양하게 있다는 것도 잘 알고 있겠지만 소비자는 세세하게 이런 걸 알 도리가 없습니다. 즉, 싼 것도 많은데 왜 굳이 비싼 이 제품을 사는가 알아보고 싶다면 다르게 질문을 해야 합니다. "이 제품의 가치를 어디에서(브랜드, 용기, 광고, 성분, 주변 사람 추천 등등) 느낄 수 있나요?"라고 물어보는 게 차라리 더 좋은 질문입니다.

세 번째, '내가 뭘 조사해야 하는지 모르는 상황'입니다. 이렇게 되면 본인부터 정말 답답한 마음이 듭니다. "내가 운영하는 쇼핑몰에서 갑자기 배추김치 판매가 부진한데, 그 이유가 무엇인지 도무지 알 수가 없다. 그래서 다른 업체 제품도 조사해보고 또 우리 제품 가격이 높아서 안 팔리는 건가. 이렇게 생각도 해봤지만 정확한 원인 파악이 안 된다"하는 상황입니다. 판매 부진에는 다양한 가설이 존재합니다. 그러나 정확한 가설 없이 이것저것 질문하다 보면 결국 정확한 원인 파악에는 어려움을 겪게 됩니다. 쓸데없는 질문만 하다가 끝이 나는 것과 같습니다. 그래서 이런 경우에는 매출 부진 가능성을 몇 가지로 압축하고, 그 가능성에 대한 문제를 해결하는 방식으로 질문을 해야 합니다. 매출이 떨어질 수 있는 원인을 가정해서 가격/진열/노출/판촉/경쟁/품질/포장/후기 등에 대한 문제점을 하나씩 생각해 보는 것이지요. 앞 꼭지에서 확인한 것처럼 섬세하게 관찰하는 방식으로 문제가 발생할 수 있는 모든 원인 리스트를 만들고, 가장 가능성이 높고 중요한 것부터 조사하고 확인해야 합니다.

네 번째도 우리가 많이 하는 실수인데 내가 한 잘못은 아니지만, 결국엔 다시 조사해야 하는 경우입니다. 예를 들어, 내 상사(과장님)가 부장님으로부터 "광고 집행에 따른 소비자의 브랜드인지도 영향 정도가 궁금한데 지금 어떻게 되고 있는지 확인해 보세요"라고 지시를 받았지만 과장님께서 내게 업무 지시를 할 때는 "브랜드 인지도를 조사해 보세요"라고 했다면 결과적으로 열심히 조사는 했지만 그 조사 결과는 부장님이 궁금해하는 부분과 맞지 않아 결국 쓸 수 없게 됩니다. 시키는 대로 했을 뿐인데 보고서를 만들어 올려봤자 욕만 먹을게 뻔합니다. 사실, 브랜드 인지도라는 게 광고만으로 만들어지는 것이 아니라 판촉과 영업 활동 등 다른 홍보 활동에도 영향을 받기 때문에 광고로만 한정시켜서 브랜드 인지도를 파악하는 것에는 한계가 있을 수밖에 없습니다. 그러면 어떻게 해야 할까요? 업무 지시를 한 상사에게 다시 물어봐서 재확인을 해두어야 합니다. 그래야 일을 두 번 하지 않게 됩니다. 조사를 통해 해결해야 할 문제가 좀 불분명한 것 같아 재차 질문을 하게 된다면 상사가 짜증을

낼지도 모르겠지만, 그걸 감수해서라도 명확하게 이해할 수 있을 때까지 질문하기를 멈추지 말아야 합니다.

그럼 지금까지의 내용을 다시 한번 정리해 보겠습니다.

1) 내가 무엇을 알고 싶은지 시장 조사를 기획할 때부터 미리 명확하게 정리해 둔다.

2) 설문 문항을 작성할 때 어떻게 물어보면 내가 알고 싶은 걸 소비자가 잘 이해하고 대답해 줄 수 있을지 항상 고민한다.

3) 시장 조사는 누구나 할 수 있다. 하지만 원하는 결과를 얻기 위해서는 최소한의 설문 규칙을 지켜야 한다.

4) 체계적인 과정을 따라서 정해진 절차대로 진행하는 조사 전문가들의 관점과 방식을 비슷하게 따라한다.

5) 시장 조사를 통해 파악해야 할 내용을 미리 아주 구체적이고 세부적으로 정리해두자. 이렇게 결과 값을 가정해두고, 질문을 역으로 만들면 조사는 훨씬 쉽고 명확해진다.

5

상황에 맞는 조사 방법 따로 있다

시장 조사를 해야 하는 상황이 발생했습니다. 요청하는 분들은 빠른 조사 결과를 요구합니다. 정성(定性-질적) 조사를 해야 할지, 정량(定量-양적) 조사를 해야 할지, 어떤 방식이 좋을까요? 이런 조사 방법의 선택은 무슨 기준으로 해야 할까요? 만약, 정성 조사를 해야 할 문제에 정량 조사를 하게 되거나, 반대로 정량 조사를 해야 할 문제에 정성 조사를 하게 된다면 그 조사 결과를 사용하거나 신뢰하기가 어려울지도 모릅니다. 이번 꼭지에서는 정성 조사와 정량 조사에는 어떤 차이가 있고 어떤 상황에 따라 선택이 달라지는지 알아보고자 합니다.

모로 가도 서울만 가면 된다? 라는 얘기는 평소 우리가 많이 하는 얘기입니다. 일단 결과만 나오면 과정이 좀 적절하지 않아도 상관이 없다는 뜻인데, 요즘처럼 정확성을 요구하는 시장 조사에서는 적용하기가 어려운 얘기입니다. 어떻게든 결과만 나오면 된다는 생각은 옛날 우리 아버님들이 회사 다니실 때나 통했던 이야기입니다.

결론부터 얘기하면 알고 싶은 내용에 따라 적절한 시장 조사 방법이 따로 존재합니다. 그래서 어떤 문제를 조사해야 하는 일이 발생했을 때, 해당 문제를 척 보는 순간 어떤 조사 방법이 적절한지 금방 파악할 수 있는 실력을 갖추고 있어야 합니다. 학교 시험을 위해 공부할 때 "이런 유형의 문제가 나오면 이렇게 해야 한다"처럼 일종의 공식 같은 게 있잖아요. 시장 조사를 할 때도 이처럼 문제를 보는 눈이 있다면 시장 조사의 속도나 정확성을 높일 수 있습니다.

중견 회사나 내가 운영하는 작은 비즈니스에서 시장 조사를 한다고 생각해보면, 대부분은 아주 간단하고 쉬운 조사가 많습니다. 이 글을 읽는 분들도 아마도 그런 필요 때문에 이 책을 보는 거겠죠. "꼭 리서치 회사를 통한 정식 조사가 아니더라도, 별도의 비용 없이 내가 간단하게 조사하면 안 될까?" 이렇게 생각하는 정도의 조사가 자주 필요하니까, 지금 책을 보고 계신 것 아닐까요?

그렇다면 리서치 회사에 맡기는 수준의 과제든, 자체적으로 실행하는 과제든, 시장 조사를 한다고 했을 때 회사에서는 일반적으로 어떤 것들이 주가 될까요? 그동안 제가 필요로 했거나 회사에서 한번 알아보라고 했던 부분까지 포함해서 한번 생각해 보겠습니다. 아마도 아래와 같은 것들일 것입니다.

1) 신제품과 관련된 조사

2) 매출과 관련된 조사

3) 브랜드와 관련된 조사

대략 이 정도 아닐까요? 더 있다고 해도 위 세 가지에서 크게 벗어나지는 않을 것 같습니다. 그러면 하나씩 이야기해 보겠습니다.

첫 번째, 신제품과 관련된 조사라고 하면 어떤 것이 있을까요? 용기와 패키지 디자인, 제품의 성능, 맛과 향, 가격 등에 대해서 소비자가 어떻게 생각하고 있는지 그 마음을 알아내는 조사입니다. 물론 신제품이 출시되면 얼마나 팔릴까? 하는 것도 알고 싶겠지만 그런 조사는 좀 더 복잡하고 전문가의 손을 필요로 할 수도 있기 때문에 잠시 제쳐두고, 앞서 이야기했던 대로 간단하게 소비자의 마음을 알아보는 정도의 조사만 생각해보겠습니다.

두 번째, 매출과 관련된 조사는 어떨 때 필요할까요? 보통은 "요새 매출이 왜 떨어져? 좀 알아봐야 하지 않을까?" 이런 질문에서 대부분 출발합니다. 다만, 이 경우 회사의 내부와 외부(소비자와 경쟁사 그리고 유통)조사가 동시에 진행되어야 어느 정도 파악이 가능한 시장 조사입니다. 그래서 이런 주제의 조사는 시장 조사의 범주에 넣지 않는 경우도 많은데, 우리는 전방위로 실무 검토를 해야 하니 책 뒷편에서 간단하게 매출 관련 조사를 해볼 예정입니다.

세 번째, 브랜드와 관련된 시장 조사인데 이 부분은 신제품을 출시할 때 함께 이야기가 될 수 있는 부분입니다. 새로운 브랜드를 사용하는 제품의 경우 브랜드에 대한 평가도 동시에 이루어진다고 볼 수 있을 테니까요.

자, 이제 실무 사례를 한번 가지고 생각해 보겠습니다. 과장님께서 "이번에 나오는 신제품 디자인에 대해서 소비자 선호도 조사를 좀 해보라"고 지시하셨습니다. 무엇부터 해야 할까요? 우선 문제에 접근하는 방법을 정하는 게 가장 중요한 포인트입니다. 나에게 주어진 시장 조사가 무엇을 얻고자 하는 것인지 미리 가정해보는 것이 중요합니다. 우리가 앞에서 생각해 봤던 것처럼 어떤 결과를 보고해야 하는지 미리 명확하게 정하는 것입니다. 디자인이 A/B/C/D가 있는데 그중에서 어떤 것이 가장 좋은지를 선택하는 것인지, 아니면 디자인 A가 있고 이 디자인 대해서 어디가 좋고 어디가 싫은지를 구체적으로 파악하는 것인지, 이런 것들을 명확히 해두어야 조사 방법도 구체적으로 정할 수가 있습니다.

조사 방법에는 '정성 조사'와 '정량 조사'를 구분해볼 수 있는데요, 정성 조사는 '그런 것 같다'라는 정도에서 결론이 나올 수 있는 조사입니다. 예를 들면 이번에 나온 "A/B/C/D 디자인 중 이 디자인을 좀 더 선호하는 것 같아요"라는 정도의 결과를 확인할 때는 정성 조사를 사용할 수 있습니다. 하지만 한 개를 확실히 정해야 하는 경우에는 정량 조사를 사용합니다. "A/B/C/D 중 소비자는 C를 가장 선호합니다." 이렇게 확실한 결론이 필요할 때 말입니다.

다른 조사의 예를 한번 살펴볼까요? '맛'에 대한 조사가 있다고 가정해 보겠습니다. 우리 제품의 맛을 개선해 보고 싶은데 어떻게 시장 조사를 하면 좋을까요? 정량 조사를 해야 할까요? 아니면 정성 조사를 해야 할까요? 맛을 개선한다거나 다양한 이야기를 들어보고 어떻게 개선할지를 아이디어를 얻는다거나 이럴 때 하는 조사는 정성 조사가 더 맞는 조사입니다. 그래서 정성 조사를 '탐색 조사 방법'이라고도 합니다. 정성 조사를 진행할 경우 일반적으로 타깃 고객들을 모으고 인터뷰를 진행하는데, 이렇게 조사된 결과는 집단의 대표성 부족으로 타깃 고객 전체의 의견은 아닐 수도 있습니다. 그래서 경향성만 본다고 하는 게 좀 더 정확합니다.

정량 조사는 정성 조사의 이런 점을 보완해 줄 수 있는 조사입니다. 정량 조사는 정성 조사의 결과를 바탕으로 시제품 A/B/ C/D를 만들고 통계적인 기법을 사용해서 인원을 설정하고 타깃 고객들에게 평가를 부탁하는 것입니다. 이렇게 하면 타깃 고객을 대표하는 의견이 객관적으로 분석될 수밖에 없어서 의심할 필요 없이 네 가지 중 하나를 선택할 수가 있게 됩니다.

어렵다고요? 원래 시장 조사는 어렵습니다. 하지만 누구나 할 수 있을 정도로만 어려운 거니까 너무 겁먹지 않으셨으면 합니다. 정성 조사도 정량 조사도 누구나 조사 가이드만 따르면 할 수가 있습니다. 엑셀로도 할 수 있는 거니까 차근차근 같이 공부하면서 해보자고요.

자, 이제 결론입니다. 문제에 접근하는 방식에서 기억해야 할 것은 다음과 같은 것들입니다.

1) 내가 조사해서 결과로 도출해야 하는 것이 '선택'을 위한 것인지, 아니면 '경향'을 확인하는 것인지, 이 두 가지 기준에 따라 시장 조사 방법은 달라질 수 있다.

2) 시장 조사 요청을 받았을 때 혹은 필요가 생겼을 때 어떤 방법이 좀 더 유용하겠다, 하는 판단을 '척하면 척이다' 할 정도로 바로 결정할 수 있는 연습을 많이 해두는 게 중요하다.

3) 정량이든 정성이든 조사 결과를 내부에 보고하고, 사용할지 말지를 판단하는 것은 결국 조사하는 사람 마음이다.

즉 보고가 되는 자료를 다루는 사람의 의식과 시각이 매우 중요하다.

4) 조사의 용도, 즉 목적을 잘 구분하는 것이 조사 결과의 정확성은 물론이고 시간과 비용도 절약할 수 있다는 것. 잊지 말아야 한다.

6

시장 조사 공부에 도움을 주는 책 세 권

시장 조사 혹은 마케팅 조사 혹은 소비자 이해. 이것들을 잘하기 위해서는 무엇이 필요할까요? 앞서 우리는 시장을 면밀히 들여다보는 관찰 방법에 대해 살펴보았습니다. 꾸준한 관찰력이 왜 중요한지, 무엇을 관찰해야 하는지, 관찰을 일상화하기 위해 어떤 습관이 필요한지. 이어서 우리는 내가 조사하려는 내용이 무엇인지를 명확히 하고 시장 조사에 들어가야 정확한 조사 결과를 얻을 수 있다는 것도 이야기했습니다. 그리고 시장 조사의 결과로 내가 무엇을 알고 싶은지가 명확하지 않으면 조사 내용이 부실해지거나 엉뚱한 방법론을 사용해 조사 결과를 사용하기가 어렵다는 것도 배웠습니다.

오늘은 정확한 조사를 위한 기초 능력 강화의 하나로 추천 도서를 소개하고, 왜 읽어야 하는지를 말씀드리고자 합니다.

제가 학생으로 학부 수업을 들었을 때였던 것 같습니다. 교수님께서 한번은 이런 말씀을 하셨습니다. "내가 여러분에게 (마케팅) 지식을 하나씩 가르쳐 주는 데에는 한계가 있다. 대학에서 말하는 '공부한다'는 것은 스스로 지식을 찾아가고, 알아가는 것이다. 나는 단지 그 방법만 조언해 주는 역할이다." 당시에는 교수님께서 수업 진도를 다 마치지 못하니까 그런 말씀을 하는 것 같다는 강한 의심(?)이 들었습니다. 하지만 시간이 한참 지나고 나서야 저는 그때 교수님 말씀을 이해할 수 있게 되었습니다. 겸임 교수로 대학에서 학생들에게 강의를 할 때 교수님께서 하셨던 말씀과 비슷한 얘기를 제가 학생들에게 하고 있는 것을 보면 말이죠.

학교에서 '배운다'라는 과정은 어쩌면 타인에 의해 제시된 지식을 강제적인 방식으로 머리에 집어넣는 것과도 같습니다. 그런 다음 누가 머릿속에 잘 넣어뒀는지 보자, 라는 관점에서 시험도 보고 점수도 받습니다. 하지만 남이 시켜서 배우거나 쌓은 지식은 한계가 있기 마련입니다. 관여도가 낮은 상태에서 강의를 듣게 되면 수업을 듣다가 "그럴 수 있겠네!" 하고 잠시 생각이 들기도 하겠지만 막상 필요할 때는 당장 꺼내서 사용할 수 있는 진정한 나의 지식으로 남기기가 어렵습니다.

수업을 듣는 학생들 입장에서는 지금 하는 공부가 앞으로 내가 할 일과 관련이 될지, 아닐지 알 수가 없습니다. 자기 전공대로 직업을 정하는 건 아니니까요. 하지만 이 책을 읽는 분들이라면 아마도 현업에 계신 마케팅 담당자 혹은 관련 업무를 하시는 분들일 겁니다. 이미 여러분들은 스스로 공부의 필요성을 느끼고 이 책을 선택하셨을 겁니다. 그래서 제가 하는 잔소리(?)에 대해 눈감아 주실 것 같습니다.

같이 일하는 부하 직원에게 마케팅팀에서 필요로 하는 살짝 전문적인 업무를 지시하는 경우가 있습니다. 그런데, 그 업무 지시를 받은 직원이 "저는 그 일을 해보지 않았습니다" "그런 일은 전문가에게 맡겨야 하지 않을까요?"라고 이야기한다고 가정해봅시다. 그러면 저는 앞으로 그 직원에게는 다시는 그 일을 맡기지 않습니다. 왜냐고요? 태도와 자세로는 더 이상 기회를 줘도 소용없다는 것이 증명되었기 때문입니다. 누구나 처음부터 마치 해본 일인 것처럼 일을 하는 사람이 있을까요? 조사 회사에 있는 조사 담당자는 처음부터 그 조사 업무를 잘했을까요? 그런데 지금은 어떻게 하다가 전문가가 되었나요? 누구에게나 기회가 올 수 있습니다. 하지만 그 기회를 어떻게 대할 것인가는 달라질 수 있습니다. 이 태도에 따라 그 사람이 전문가가 될 수도 있고, 그냥 일반 담당자가 될 수도 있습니다.

저는 이 책에서 시장 조사의 모든 전문적인 부분을 설명해 드리려는 욕심보다는 정말 꼭 필요한 시장 조사의 필수적인 부분과 개념에 대해서만 말씀드리고 실행하는 방법을 알려드리고자 합니다. 하지만 좀 더 깊이 있는 전문적인 부분에 대해서는 스스로 찾아볼 수 있는 태도와 습관을 만드셔야 합니다. 오늘 소개해드리는 책은 그런 측면에서 여러분에게 좀 더 전문적인 깊이를 만들어주는 책이라고 할 수 있습니다.

먼저, 어떤 순서로 공부하면 좋을지 제가 생각하는 방법을 간단히 말씀드리고자 합니다. 순서대로 가능한 만큼만 공부해 보세요.

1) 서점에 가서 가장 얇게 나와 있는 시장 조사론 혹은 마케팅 조사론 책을 한 권 구해서 읽어본다.

2) 엑셀로 하는 비즈니스 통계학 책을 읽어 본다.

3) 추가로 기초 통계학 책을 읽어 보면 더욱 좋다.

지금 설명해 드린 세 권의 책 모두를 읽어 본다는 것은 상당히 어려운 일입니다. 하지만 혼자서 공부할 때 첫 번째 책을 읽어 볼 수 있다면 아마 나머지 책도 쉽게 정복할 수 있을 겁니다. 추천 교재는 아래와 같은 책들입니다. (저는 아래 책 저자 분들과 아무런 관련이 없습니다. 단지 제가 강의하거나 공부할 때 본 책들 중에서 좀 편했던 책들이라 추천 드립니다.)

1)『마케팅 조사론』김정희, 두남, 2017년

2) 『직장인을 위한 실무 엑셀』선양미, 길벗, 2019년

3) 『기초 통계학』송성주/전명식, 자유아카데미, 2017년

내용 이해가 어렵더라도 마케팅 조사론의 앞부분, 조사의 설계와 실행 부분은 반드시 반복적으로 읽어보는 것이 좋습니다. 만약 한 세 번쯤 읽어 봐도 이해가 안 되는 부분이 있다면, 그때는 인터넷 검색을 이용하는 걸 추천합니다. 생각 외로 많은 분들이 같은 부분에서 어려움을 느끼며, 자신이 쉽게 정리한 내용을 글이나 영상으로 올려놓은 게 있습니다.

이렇게 세 권을 추천해 드렸지만 일단 **마케팅 조사론만이라도 올해 안으로 읽어보겠다**고 정해 놓고 억지로라도 읽어본다면, 처음에는 잘 모르겠다고 느껴지는 내용도 나중에는 본인도 모르는 사이에 이해가 될 것입니다. 그러면서 내가 좀 더 깊이 있게 찾아봐야 하는 항목이 무엇인지 스스로 알아보는 감이 생기게 됩니다. 보통 대학교에서는 시장 조사론을 16주(시험 2주 빼면 14주) 간 배웁니다. 14주 x 3시간 = 42시간 동안 배우는 것으로 전문가의 입문 영역을 살펴보는 것이니 따져보면 학교에서 배우는 지식이 얼마나 깊이가 있겠습니까? 걱정하지 마시고 끝까지 읽어보세요. 스스로 공부하는 습관을 갖추는 것. 이 습관이 어쩌면 시장을 가장 잘 읽는 방법이라고 저는 확신합니다.

7

데이터 가지고 놀기? 반복하는 것이 답이다

엑셀 잘하시나요? 업무에서 쌓이는 데이터, 이 데이터를 다루는
데 있어서 엑셀만큼 우리에게 중요한 프로그램이 없습니다. 그
러니 어렵다고 자꾸 미루지 말고, 데이터를 만져보고 분석하는
연습을 해보는 것이 필요합니다. 그래야 데이터 해석 능력이 빨
리 길러집니다. 다시 한번 말씀드리면, 데이터를 다루는 게 중요
한 게 아니라 데이터를 해석하는 게 더 중요합니다. 꼭 엑셀이
아니더라도 회사의 ERP 시스템 같은 것을 통해서 데이터를 추
출해보고, 데이터를 정렬해보는 습관을 가지게 된다면 어떤 문
제에 대한 의사 결정이나 인사이트 도출 능력이 남달라지게 됩

니다. 시장 조사에 대한 전문성과 숙련도는 여기서부터 차이가 나기 시작합니다.

앞서도 말씀드렸지만 세미나 혹은 강의에서 교수님들 말씀을 듣고 "아~ 저렇게 하는 방법이 있구나"라고 이해는 했지만, 그 기억이 얼마나 지속될까요? 한 몇 시간 정도 기억되면 기억력이 훌륭한 분들입니다. 보통은 하루만 지나도 기억해 내기가 어렵습니다. 더군다나 내가 잘 모르는 내용을 들었다고 한다면 즉시 잊었다고 해도 할 말이 없습니다. 기억에는 보통 감각 기억, 단기 기억, 장기 기억 이렇게 세 가지가 있다고 합니다. 단기 기억은 어떤 순간에 우리가 머릿속으로 느낄 수 있는 즉각적인 자각(awareness)으로 인간의 의식 속에 일시적으로 존재하는 기억을 의미하며 약 20~30초 정도 지속된다고 합니다. 앞서 예로 들은 강의를 듣고 학습한 것들은 단기 기억에는 잠시 저장되지만, 반복 암기(rehearsal)를 하지 않으면 장기 기억으로 전환되지 못합니다. 결국 반복이 중요한데 반복이 충분하지 못하면 결국 잊어버리게 됩니다.

자, 이제 본격적으로 시장을 잘 읽기 위해 최대한 반복 연습을 많이 해야 하는 것들에 대해 이야기해보겠습니다. 그만큼 중요한 것이라고 할 수 있습니다. 우선은 데이터를 만드는 것입니다. 시장 조사는 데이터를 어떻게 구축할 것인가를 정하는 데이터 형태 설정에서부터 시작됩니다. 축적된 데이터의 질에 따라 조사 결과의 질도 달라지기 때문입니다. 데이터 형태가 분석하기 어렵다면 결국 처음부터 다시 데이터를 만들어야 합니다. 갑자기 회사에서 데이터를 모아서 정리해야 할 필요성이 있을 때 어떤 형태로 데이터를 모아야 할까요? 당연히 엑셀을 활용하는 것이 좋겠죠. 엑셀로도 시장 조사에서 필요로 하는 대부분의 분석은 다 할 수 있습니다.

그럼 엑셀로 데이터 모으기, 어떻게 하는 게 좋을까요? 엑셀 데이터를 축적하려면 기본적으로는 **피벗**(PIVOT) **테이블** 형태로 모으는 것을 추천합니다. 피벗 테이블 데이터를 어떻게 만들어야 할지는 책으로 설명해 드리기에 한계가 좀 있습니다. 이건 엑셀을 띄워 놓고 설명 드리는 게 필요한데, 그럴 순 없으니 검색을 통해서 참고할 만한 다양한 자료를 찾아보는 게 좋을 것 같습니다. (유튜브에서 '피벗 테이블'이라고 검색하면 볼만한 정보가 산더미처럼 나옵니다.)

옆의 그림은 보통 기업에서 많이 사용하는 피벗 테이블입니다. 이미 이런 식으로 데이터를 모아서 사용하고 있는 곳들이 많겠지만, 아직 사용해본 적이 없다면 피벗 테이블만큼은 꼭 익혀두시길 바랍니다. 피벗 테이블을 만들어서 데이터를 분석하는 활동은 시장 조사 자료 분석에 있어서 가장 활용도가 높은 기본에 해당하는 것으로 마케터나 기획자라면 반드시 숙지해야 하는 사항입니다.

월	제품코드	브랜드중류	카테고리분	제품명	성별	신규기존여부	연령대	등급	구매횟수별	판매개수	매출액	고객수
2	AA*501008A1	흑삼액기스	일반엑기스	흑삼엑기스(240G)	여자	기존	40대	Blue	3회	3818	642483654	918
2	AA*501035A1	흑삼액기스	일반엑기스	흑삼엑기스플러스(병,240G)	여자	기존	40대	Green	2회	4547	860916338	2067
2	AA*501008A1	흑삼액기스	일반엑기스	흑삼엑기스(240G)	여자	기존	50대	Blue	3회	4828	809910044	1105
2	AA*505015A1	흑삼액기스편의	엑기스타블렛	흑삼엑기스타블렛(168G)	여자	신규	60대이상	Green	2회	542	25971893	163
2	AA*501000A1	흑삼액기스	일반엑기스	흑삼엑기스(240G)	여자	기존	40대	Royal Gold	1회	646	106708015	106
2	AA*501001A1	흑삼액기스	일반엑기스	흑삼엑기스골드(50G)	여자	기존	40대	Green	1회	746	29885964	409
2	AA*333010A1	근삼	활삼	절삼(600G)	여자	기존	40대	Blue	1회	992	283690170	870
2	AA*540145A1	흑삼액기스편의	엑기스타블렛	흑삼엑기스타블렛골드(300mG*360타블렛,일반)	여자	기존	20대	Gold	1회	18	1271213	14
2	AA*505035A1	흑삼액기스편의	엑기스타블렛	흑삼진바타블렛(210mG*420타블렛,홈쇼핑)	여자	기존	50대	Green	1회	414	180808749	232
2	AA*505015A1	흑삼액기스편의	엑기스타블렛	흑삼엑기스타블렛(168G)	남자	신규	30대	Green	2회	866	40705567	149
2	AA*510008A1	절편	흑삼절편	흑삼절편	여자	기존	30대	Green	2회	174	17166312	66
2	AA*540145A1	흑삼액기스편의	엑기스타블렛	흑삼엑기스타블렛골드(300mG*360타블렛,일반)	여자	기존	50대	Blue	2회	38	2728800	15
2	AA*505501A1	흑삼액기스편의	엑기스타블렛	흑삼엑기스타블렛B(168G,DFS점)	여자	기존	50대	Blue	1회	36	2046720	15
2	AA*501035A1	흑삼액기스	일반엑기스	흑삼엑기스플러스(병,240G)	여자	기존	50대	Green	2회	1910	361586745	829
2	AA*540123A1	흑삼액기스	일반엑기스	흑삼엑기스프러스300만기념세트(110G*3,일반)	남자	기존	40대	Green	1회	904	218252136	771
2	AA*502004A1	흑삼분	흑삼본	흑삼분(90G, 09)	여자	기존	50대	Green	1회	1305	48907630	813
2	AA*501024A1	흑삼액기스	일반엑기스	흑삼엑기스(120G)	여자	기존	60대이상	Green	1회	740	63565881	570
2	AA*504015A1	흑삼차	흑삼차마일드	흑삼엑기스차마일드(3G*100포)	남자	기존	60대이상	Green	1회	821	44093097	443
2	AA*107018A1	흑삼액기스	일반엑기스	창사기념세트(신세계백화점)	남자	기존	60대이상	Blue	1회	87	18974673	65
2	AA*501503A1	흑삼액기스	엑기스Gold	흑삼액기스Gold(240G)	여자	신규	30대	Green	1회	539	84400080	309
2	AA*501035A1	흑삼액기스	일반엑기스	흑삼엑기스플러스(병,240G)	여자	신규	20대	Green	2회	553	104880908	230
2	AA*321510A1	근삼	엉삼	앙삼15지(600G)	여자	신규	60대이상	Green	4회이상	7	3451132	1
2	AA*540068A1	흑삼분	밝게우러리시는흑삼	밝게우러리시는흑삼20G*15포,일반)	여자	기존	60대이상	Blue	1회	199	5557713	168
2	AA*505015A1	흑삼액기스편의	엑기스타블렛	흑삼엑기스타블렛(168G)	여자	기존	60대이상	Blue	3회	607	28297918	86
2	AA*501102A1	흑삼엑기스캡슐/엑기스화캡슐		흑삼엑기스캡슐골드(60G, 09)	남자	기존	30대	Green	1회	210	87452261	650
2	AA*107018A1	흑삼액기스	일반엑기스	창사기념세트(신세계백화점)	여자	기존	60대이상	Blue	1회	563	121946247	385
2	AA*513332A1	추출액	추출액(내수)	흑삼추출·엑(90ml*30포)	여자	기존	40대	Royal Gold	1회	344	69265178	121
2	AA*501036A1	흑삼액기스	일반엑기스	흑삼엑기스플러스(병,30G)	여자	기존	50대	Blue	1회	81	1825336	54
2	AA*506012A1	절편	봉밀절편(국내)	봉밀절편(20G*12갑, 08)	여자	기존	60대이상	Blue	1회	645	60230982	470
2	AA*501024A1	흑삼액기스	일반엑기스	흑삼엑기스(120G)	여자	기존	40대	Gold	2회	70	5929702	23
2	AA*501035A1	흑삼액기스	일반엑기스	흑삼엑기스플러스(병,240G)	여자	기존	40대	Green	2회	1355	256592702	568
2	AA*501008A1	흑삼액기스	일반엑기스	흑삼엑기스(240G)	남자	기존	60대이상	Blue	4회이상	5427	909912663	761

기업에서 데이터 활용을 위해 만든 피벗 테이블

만약 누적해서 봐야 하는 데이터의 항목이 세로가 아닌 가로로 축적되어 있거나, 중간에 셀이 병합되어 있는 상황에서 데이터를 해석해야 하거나, 한 데이터를 두 칸 단위로 나눠서 만들어야 한다면 하나의 분석을 위해 데이터를 고치고 분석이 가능하도록 정렬하는 일로 밤을 지새워야 할지도 모릅니다. 그렇지만 피벗 테이블에 익숙해지고 나면 밤 새는 일은 더 이상 하지 않아도 됩니다. 그리고 시장 조사의 기본이라 할 수 있는 빈도수, 평균, 합계 같은 일반적인 자료와도 친해지게 됩니다.

간단하게나마 시장 조사 과정에 대해서 말씀드리고, 엑셀 피벗 테이블의 중요성에 대해서도 말씀드렸습니다. 여러분도 잘 알고 계실 테지만 일을 하다 보면 알게 모르게 많은 조사 데이터가 쌓이기 시작합니다. 각 부서에서 보고 자료로 내놓는 각종 데이터들, 내가 직접 검색해서 뽑아낸 매출 데이터와 고객 정보들. 이 자료들을 어떻게 피벗 테이블로 축적할 것인지 연습하고, 그다음에는 쌓인 데이터를 가지고 분석하는 연습을 해보세요. 연습을 많이 하면 할수록 분석이 빨라지고 조사 결론도 빨리 도출됩니다.

데이터만 보면 한숨이 나온다고요? 그럼에도 불구하고, 자꾸 자료를 들여다보고 이렇게 저렇게 만져보세요. 엑셀 테이블 하나를 놓고, 이렇게도 피벗 테이블로 추출해보고, 저렇게도 추출해보는 연습을 많이 해보셔야 합니다. 처음에는 다들 그렇게 시작했습니다. 엑셀에 너무 스트레스받지 마시고요.

3부. 분석

8

FGI에서 사회자가 주의해야 할 20가지

시장 조사를 한다고 해서 내가 궁금해하는 것들을 모두 알 수 있는 것도 아니고, 또 갖고 있는 모든 궁금증이 풀리는 것도 아닙니다. 하지만 다양한 방법으로 소비자를 이해하고 시장에서 필요한 정보를 얻어내는 것은 기업을 운영하는 입장에서 너무나도 중요합니다. 실패의 확률을 줄일 수 있으니까요.

요즘 새롭게 등장하는 신제품들의 성공 확률은 어느 정도나 될까요? 대략 10개 제품 중 1개가 성공한다고 합니다. 물론 제품군에 따라 좀 더 높거나 좀 더 낮을 수는 있겠지만요. 신제품의 실패 확률이 90%라고 할 때, 우리는 이를 더 낮추기 위해 시장 조사를 합니다. 아래의 표는 시장 조사를 크게 구분한 표인데요, 모든 시장 조사는 대부분 저 두 가지로 나뉘어 있다고 볼 수 있습니다.

정성적 혹은 정량적이라는 단어는 앞에서도 한번 보셨으니 그래도 조금은 익숙할 것 같습니다. 앞서 정성 조사를 통해서 도출할 수 있는 결론과 정량 조사를 통해 도출할 수 있는 결론이 각각 다르다고 말씀드렸습니다. 그래서 조사 내용이나 대상도 달라져야 한다고 했습니다. 지금부터 반복 학습을 조금만 더 해보겠습니다.

'정성적이다'라는 개념은 '질적인 평가를 한다' 즉, 수량화하지 않는 조사를 한다는 것을 말합니다. 예를 들어 10명 정도의 20대와 30대분들의 의견을 각각 듣고, "20대는 A를 좀 더 선호

구 분	정성적(Qualitative) 조사	정량적(Quantitative) 조사
목 적	기초적인 원인이나 동기에 대한 질적인 이해를 얻음	자료를 계량화시키고 표본으로부터 모집단의 결과를 일반화시킴
표 본	대표성 있는 소규모의 사례	대표성 있는 대규모의 사례
자료 수집	비구조화	구조화
자료 분석	비통계적	통계적
주요 방법	F.G.I / 심층면접 / 투사법	설문 조사(개별 면접 조사, 인터넷 조사 등) / 스캐너 데이터
결 과	초기 이해의 전개	행동의 최종 단계 권고

정성적/정량적 조사 차이 이해

하고, 30대는 B를 선호하는 경향을 보였다"라는 결과를 도출하는 조사를 정성 조사라고 합니다. 반면에 '정량' 조사는 "100명을 조사했더니 A라는 제품을 선택하신 분이 80%다"라고 숫자로 결과를 정확하게 표현할 수 있는 조사 방법을 말합니다.

비교적 소규모 기업에 계신 분들이라면 실무에서 상대적으로 정량보다는 정성 조사를 더 많이 해보셨을 겁니다. 작은 기업이 특정 문제를 확인하고 솔루션을 빠르게 찾을 수 있는 방법이 정성 조사이기 때문입니다. 물론 정량 조사가 정성 조사에 비해 중요하지 않다는 것은 아니지만, 처음 시장의 동향을 살펴보는 데 있어서는 정성 조사만큼 적은 비용과 시간으로 할 수 있는 조사 방법은 그리 많지 않습니다. 그래서 정성 조사, 그중에서도 가장 많이 하게 되는 FGI에 대해서 먼저 설명하고, 이후 정량 조사 기법에 대해 말씀드리겠습니다.

위에 있는 표를 보게 되면 정성 조사의 주요 방법으로 FGI가 있는데, FGI는 많이 들어보셨을 것 같습니다. FGI는 Focus Group Interview의 약자로 가장 많이 사용하는 정성 조사 방법입니다. 그리고 전문적인 훈련이 조금 부족하더라도 누구나 쉽게 할 수 있고, 결과 또한 괜찮게 얻을 수 있는 조사 방법입니다. 사실 정성적 조사 방법에는 FGI 말고도 심층 면접(In-depth Interview : 일대일로 진행하는 인터뷰), **투사법**(Projective Techniques : 응답자에게 직접적인 질문을 하는 대신 그림, 단어, 사물 등 간접적인 사물을 통해 소비자의 성향을 읽는 조사법) 같은 방법이 있기는 하지만, 이 조사 방법들은 조금 훈련을 받아야만 무리 없이 이끌어 갈 수 있고 결과도 적절하게 도출할 수 있습니다. 그래서 이 책에서는 전문성을 필요로 하는 것은 제외하고, 가장 기본적이고 보편적인 FGI를 중심으로 설명하겠습니다.

전문 기관에서 진행하는 FGI는 사회자가 6~8명의 대상자를 상대로 질문을 이끌어 가고, 참관자는 뒷방(미러 룸)에서 조사 과정을 지켜보는 것이 일반적인 진행 방법입니다. 이때 사회자의 역할이 중요한데 전문 사회자를 쓰는 경우도 있고, 기업 담당자가 사회를 맡는 경우도 있습니다. 통상 작은 기업이라면 별도의 전문 사회자를 쓸 형편은 안되니 담당자가 사회자 역할을 자청하게 됩니다. 이 경우 마음만 먹으면 언제든 바로 시장 조사를 할 수 있다는 장점이 있지만, 반대로 전문 사회자가 아니기 때문에 조사 과정에서 실수를 하거나 조사 결과를 제대로 도출해 내지 못하는 경우가 생기기도 합니다.

내부 담당자가 사회자 역할을 맡아 FGI를 진행할 때 몇 가지 고려할 사항을 알려드리겠습니다. 아, 그 전에 사회자는 가능하면 여성분이 하는 게 더 효과적이라는 말씀을 드리고 싶네요. 그동안의 경험을 비춰볼 때 좀 더 의미 있는 결과는 여성이 진행했을 때(조사 참여자가 남/여 모두라 하더라도) 더 용이하게 도출되는 경향이 많았습니다.

그러면 지금부터 FGI 진행 순서와 방법에 대해 알려드리겠습니다. 각 기업에서 유념해서 내부적으로 활용하면 좋을 것 같습니다.

1) 누구를 대상으로 진행할 것인지 정해야 한다 : FGI 최적 인원은 8명입니다. 8명 내외로 진행하는 것이 가장 좋습니다. 그리고 시장 조사 대상자를 아주 구체적이고 명확하게 정해야 합니다. 예를 들어 '여성이며 회사원이고 피부에 관심이 많은 20대와 30대 각 8명' 이런 식입니다. 이렇게 정해진 분을 한자리에 모아서 각자의 의견을 들어보는 자리를 만든다고 생각하면 됩니다.

2) 어떤 질문을 할 것인지 미리 정리가 되어야 한다 : 정리된 내용을 보통 FGI 가이드라고 합니다. 보통 한 자리에서 이분, 저분 이야기를 듣다 보면 실제로 물어보거나 확인해야 하는 부분을 잊어버리고 넘어가는 경우가 발생합니다. 이런 부분을 미연에 방지하기 위해서 미리 정리하는 것이라 보면 됩니다. FGI 진행 시간은 보통 한 시간 정도 진행하는 것을 권장하니 질문의 내용과 양도 그에 따라 적당한 수준으로 정해야 합니다.

3) 조사 진행은 단계별로 한다 : 이해를 돕고자 일반적인 멘트를 적어 두었습니다. 자유롭게 응용하시면 됩니다.

① 소개 단계(Warm Up Stage)

"안녕하세요? 저는 XX입니다. 오늘은 ~에 대해서 이야기하기 위해서 여러분들을 모셨습니다. 그럼 서먹하니까 각자 간단하게 자기소개 부탁드리겠습니다."

② 분위기 조성 단계(Bridge Stage)

"오늘 ~에 대해서 이야기할 예정이라고 말씀드렸죠? 그래서 ~를 어떻게 사용하고 있는지에 대해서 간략하게 한 분씩 돌아가면서 이야기를 들어봤으면 좋겠습니다."

③ 본 주제 관련 질문(Main Stage)

"아 그렇게 사용하고 계시는군요. 그럼 이런 새로운 개념의 제품/서비스/디자인이 시장에 나온다면 어떨까요? 왜 그렇게 생각하나요? 그렇다면 가격이 XX원이라면 구매 의향이 있나요? 그럼 어느 정도 가격이면 구매하실 의향이 있나요?"

④ 마무리 단계(Ending Stage)

"자 오늘 말씀해 주신 내용을 좀 정리해보면 제품/서비스/디자인에 대해서는 XX하게 생각하신다고 하셨고, 가격은 XX원 정도면 구매가 가능하다는 말씀하셨죠? 그리고 이런 경우, XX해서 구매하기는 싫다고 하셨고요."

4) 조사 내용 정리를 반드시 2~3일 안에 한다. 의도했던 질

문에 대해 어떤 응답이 나왔는지, 그래서 그 응답의 결과를 어떻게 마케팅 활동, 영업 활동에 사용할 것인지 등을 3일 안에 정리해야 합니다. 그렇지 않으면, 중요한 내용을 놓칠 수도 있고, 인터뷰 장면을 녹화했던 내용을 또다시 들춰봐야 하는 수고로움이 발생합니다.

5) 사회자(Moderator)는 경험이 많은 사람이 하는 것이 좋다
: 경험을 축적한 우수한 사회자에게는 통계법도 못 당할 힘이 있다, 라는 유명한 말이 있습니다. 실제로 궁금한 부분을 잘 물어보고 답을 잘 유도해내면 많은 돈을 들여서 하는 조사보다 더 나은 결과를 얻을 수 있습니다.

FGI에서 사회자의 역할과 중요성에 대해서는 여러 번 강조해도 모자람이 없는데요. **FGI 사회자가 주의해야 할 내용** 따로 정리해 보았습니다.

1) 표정을 읽어라. 참석자들은 종종 그들의 반대 의견이나 이견을 말이 아닌 표정으로 나타낸다.

2) 참석자들 사이에서 자유로운 대화가 될 수 있도록 독려하라. 그룹 안에서 참석자 간 토의는 사회자와 참석자 간의 대화와 다르다.

3) 사회자는 해당 문제에 대해 특정 견해를 갖고 있지 않다는 점을 참석자들에게 분명히 인식시켜라.

4) 참석자들은 모든 문제에 있어 똑같은 관심을 갖고 있지

않다. 즉, 그 상표나 주제에 대한 그들의 관심 부족도 역시 하나의 발견 내용이 될 수 있다.

5) 모든 참석자를 공경하는 마음으로 대하라.

6) 해당 그룹과 상이한 의견을 갖는 다른 그룹이 있을 수 있다. 서로 간의 다른 의견을 각 그룹에 전달해도 좋다. 이러한 방법은 해당 그룹을 자극하는 효과가 있다.

7) 참석자 중 간혹 앞뒤가 상충되는 이야기를 하는 경우가 있다. 이를 잘 감지해서 의견 정리를 해야 한다.

8) 첫 소개를 마친 후 첫 질문을 할 때, 특정한 응답자를 지적하지 말고 자발적으로 이야기하도록 유도하라.

9) 인터뷰 진행 때 다양한 참석자의 특징을 구별해야 한다. 이야기를 많이 해 토의를 주도하려는 사람, 초점이 없는 이야기를 하는 사람 등. 이런 특징을 의식하면서 진행해야 한다.

10) 되도록이면 질문은 간결하게 하되, '예/아니오'라고 하는 대답이 나오지 않도록 질문하라.

11) 인터뷰가 활발히 진행되지 않으면 참석자들에게 "OO님께서는 XX님께서 하신 말씀을 동감하나요?"라고 물으며 토의를 독려하라.

12) 인터뷰를 시작할 때 미리 솔직하게 이야기해 달라는 부탁을 하라.

13) 어떤 한 사람이 너무 이야기를 오랫동안 하지 않도록 주의한다.

14) 어떤 태도나 행동이 이미 관습적으로 변해 당연하게 여기는 것일지라도 사회자는 끈질기게 파고들어 질문하고 확인해야 한다.

15) 말없이 가만히 있는 것도 중요한 기법이다. 잠시 침묵을 지키는 것도 다른 참석자로 하여금 이야기를 하게 하는 좋은 방법이다. 계속해서 똑같이 "왜 그러냐고?"만 물으면 참석자들이 싫증을 낸다. 따라서 가능하면 다른 문장과 다른 용어를 써서 다른 질문처럼 물어봐야 한다.

16) FGI 가이드를 잘 숙지하고, 참석자의 이해 수준에 맞춰 질문을 하라. 그들은 전문가가 아님을 잊지 말자.

17) 질문은 모든 참여자에게 동일하게 하는 것이 원칙이다.

18) 다만 한 주제나 문제를 깊이 들여다보고자 할 때는 가능한 한 다수의 응답자를 고려하여 "나머지 분은 어떻게 생각하십니까?"라고 묻거나 다른 응답자가 이의를 갖고 있을 것 같을 때는 "나머지 분들은 정말 OO 씨의 의견에 동감하나요?"라고 묻는다.

19) 참석자가 사회자에게 질문한다고 해서 사회자가 대답하면 안 된다. 만약 그 질문이 유용한 것이라면 참석한 다른 사람이 대답하도록 유도하라.

20) 사회자는 자신의 표정, 시선에 주의해야 한다. 어떤 사람에게도 "알겠습니다"라는 말, 그 이상의 의미를 담은 표정을 짓지 말라.

21) 모두 편안한 느낌이 들게 하라. 편한 느낌을 조성하지 못하면 인터뷰는 절대로 활발해지지 않는다.

물론 여러분들이 전문적인 사회자는 아니기 때문에 위에 적어 놓은 항목들을 모두 지키면서 진행하는 게 어려울 수 있습니다. 하지만 앞에서 말씀드렸던 것처럼 반복해서 진행하다 보면 누구나 할 수 있는 게 FGI입니다. 일단 저질러 보세요. 처음에는 8명이 아니어도 좋습니다. 5명 정도로 그룹을 짜서 내가 알아야 하는 부분에 대해서 질문을 해봐도 좋습니다. 어쩌면 그분들이 우리가 그동안 전혀 풀지 못했던 문제에 대해 아무렇지 않게 답을 툭툭 던져 줄 수 있을지도 모릅니다. 누구에게나 처음은 있습니다. 처음부터 잘하려고 애쓰지 말고 일단 해보고 내가 어떤 부분을 바꿔야 하는지, 어떤 부분을 고쳐야 하는지 한번 되짚어 가면서 하다 보면 점차 능숙해지게 됩니다.

참고) 스낵류 신제품 출시 전 제품 수용도 테스트를 위한 FGI 가이드(샘플)

I. Warm Up Stage : 10분

* 사회자 및 회사 소개

* 참석자 소개 (나이/관심사 등)

Ⅱ. Bridge Stage (Life Style) : 10분

- 생일 선물을 준다면 가장 갖고 싶거나, 하고 싶은 것이 무엇인가요? 그 이유는 각각 무엇인가요?
- 요즘 여러분 또래 집단에서 이런 거 못 하면, 아니면 이런 거 모르면 안 되는 것이 있다면 어떤 것들인가요?

Ⅲ. Main Stage

1) 스낵에 대한 태도 및 식용 행태(25분)

- 스낵 하면 떠오르는 것은? 그러한 것이 떠오르는 이유는 무엇인가요?
- 스낵을 먹는 이유가 무엇 때문이라고 생각하세요? 스낵이 다른 과자와 비교 시 다른 점이 있다면 무엇인가요?
- 스낵은 주로 언제/어떤 경우에 먹나요? (T.P.O를 심층적으로 탐색) 본인이 스낵을 먹는 경우를 구체적으로 모두 말씀해 주세요. 다른 과자류도 많은데, 그러한 경우에 스낵을 먹는 이유는 무엇인가요?

- 스낵 하면 생각나는 상표가 있다면 어떤 것들인가요?

- 본인이 좋아하는 것과 상관없이 요즘 여러분 또래에 가장 유행하는 스낵이 있다면 어떤 것인가요? 유행하는 이유는 무엇 때문이라고 생각하나요?

- 스낵이 '맛있다'라는 것은 구체적으로 어떻게 표현할 수 있나요?

- 스낵 신제품이 나오면 그때마다 사 먹는 편인가요?

- 가장 최근에 나온 신제품은 어떤 것들이 있나요? 그 상표를 알게 된 계기는요? 그 상표를 사 먹게 된 계기는요?

2) 스낵 원료에 대한 태도(20분)

- 스낵의 원료에는 어떤 것들이 있나요?

- 내가 좋아하지 않는 것이 있다면? 좋아하지 않는 이유는 무엇인가요?

- 시중에 나와있는 것 중 새우로 만든 스낵에는 어떤 것들이 있나요?

- 새우로 만든 스낵은 어떤 경우에 먹는 것이 좋은가요? 왜 그렇죠?

- 멸치를 잘 먹는 편인가요? 어떤 점 때문에 그런가요?

- 만약에 멸치 성분이 들어 있는 스낵이 나온다면 어떤 느낌이 드나요? 그러한 느낌이 드는 이유는 무엇 때문인가요?

- 멸치와 새우 성분이 들어 있는 스낵이라고 하면 어떤 느낌이 드나요? 그러한 느낌이 드는 이유는 무엇 때문인가요?

(멸치/새우 성분, 칼슘/키토산과 연결되고 있는지 탐색)

3) 맛 테스트 및 제품 수용도(40분)

3-1) 신제품 맛 테스트(25분)

* 신제품을 시식하기 전에 외관에 대해

- 제품을 직접 보고 나서 제품에 대한 느낌은 어떤가요?

- 모양이나 색상은 어떤가요? 그렇게 생각하는 이유는 무엇인가요?

- 외관만 보았을 때 먹고 싶다는 느낌이 드나요? 어떤 점 때문에 그런가요?

- 제품에 박혀 있는 것(새우)에 대한 느낌은 어떤가요?

* 신제품을 시식하면서 또는 시식 후

- 드시고 난 후 첫 느낌을 표현한다면 어떻게 되나요?

- 연상되는 맛을 구체적으로 모두 표현한다면? 어떤 원료를 사용한 것 같나요?

- 마음에 드는 점이 있다면 혹은 마음에 들지 않는 점이 있다면 어떤 이유 때문인가요?

- 냄새나 향은 어떤가요? 어떤 점이 그렇죠?

- 씹는 느낌(조직감)은 어떤가요? 어떤 점이 그런가요?

- 기름기나 느끼함이 어느 정도까지 느껴지나요?
- 이 제품은 어떤 경우에 먹는 것이 좋을 것 같나요? 왜 그렇죠?
- 이 제품이 시중에 나온다면 누가 잘 먹을 거라 예상하나요? 그렇게 생각하는 이유는 무엇인가요?
- 이 제품이 시중에 나온다면 사 먹을 것 같은가요? 어떤 점 때문에 그런가요?
* 색상(분홍/노랑)과 모양(둥근/네모)에 대한 선호도 비교
- 모양은 어느 것이 더 좋은가요? 그 이유는요?
- 색상은 어느 것이 더 좋은가요? 그 이유는요?

3-2) 신제품 컨셉 수용도(15분)
* 신제품의 원료, 영양 성분, 가격대
- 이 제품에 대해 설명을 듣고 가장 먼저 떠오르는 느낌을 표현한다면? 그러한 느낌이 드는 이유는 무엇인가요?
- 가장 마음에 드는 내용은? 그것이 마음에 드는 이유는 무엇인가요?
- 반대로 마음에 들지 않는 것은? 마음에 들지 않는 요소를 어떤 식으로 얘기해주면 오히려 장점으로 느껴질까요?
- 기존 제품과 다르다는 느낌이 드나요? 어떤 점 때문에 그런가요?

- 시중에 나와 있는 제품 중 비슷한 제품이 있다면? 어떤 점이 비슷한가요?

- 이 제품은 누가 잘 먹을 것 같은가요? 어떤 점 때문에 그런가요?

- 이 제품이 시중에 나온다면 사 먹을 것 같은가요? 어떤 점 때문에 그런가요?

9

브레인스토밍, 제대로 알고 해야 성과 높아

앞에서 정성 조사 방법 중 하나인 FGI를 살펴보았습니다. 그러면 FGI 외에 우리가 자주 사용하는 또 다른 정성 조사 방법은 없을까요? 생각해보면 번뜩하며 지나가는 방법이 있습니다. 그것은 바로 브레인스토밍입니다. "엥? 브레인스토밍이 시장 조사인가?"라고 반문하실 분도 계실 것 같은데요. 시장 조사의 목적이 새로운 아이디어와 개선 방법을 찾는 것이라면 브레인스토밍도 활용도에 따라 시장 조사와 같은 효과를 낼 수 있는 도구입니다. 단! 잘 사용할 수 있다는 것을 가정하고 드리는 말씀입니다. 예를 들어 어떤 문제를 해결하고자 시장 조사를 여러 번 진행했는데도 불구하고 소비자의 응답 결과를 이해할 수 없을 때가 있습니다. 이럴 때는 오히려 소비자의 응답 결과를 놓고 자유롭게 브레인스토밍을 하다 보면 실마리가 풀리는 경우가 있습니다. 엉뚱한 생각 속에서 힌트를 얻는다고 할까요?

이런 말이 있습니다. "좋은 아이디어를 내는 가장 좋은 방법은 많은 아이디어를 생각해서 그중 나쁜 것들을 버리면 된다." "위대한 발견이나 참신한 아이디어는 다양한 고민과 생각이 축적된 과정 속에서 탄생한다."

브레인스토밍의 사전적 정의를 보면 '아이디어 창출이나 문제 해결을 위한 자발적이고 자유분방한 집단 토론'이라고 설명하고 있습니다. 1938년 창의성 기술의 한 방법으로 브레인스토밍이 나온 이래, 아이디어 흐름을 방해 없이 도출할 수 있는 워크숍 등에서 활용되면서 이 방법은 사업의 새로운 방향을 모색하거나 새로운 업무를 실행하는 돌파구를 찾는 방법의 하나로 사용되기 시작했습니다.

브레인스토밍이 중요한 이유는 브레인스토밍이 효율적이고 생산적인 아이디어 창출 도구이기도 하지만 새로운 재미를 줄 수도 있기 때문입니다. 아마도 팀원들과 브레인스토밍을 하자고 할 때 충분한 먹거리를 준비하고, 재미있는 게임을 하듯 몇 시간을 하하 호호 즐겁게 아이디어 회의를 했던 기억이 한 번씩은 있을 겁니다. 이런 편안함은 아이디어 도출에 방해가 되는 여러 요소들을 사라지게 함으로써 생각하지 못했던 아이디어를 떠오르게 하는 환경을 만들어 줍니다.

지금부터 좀 더 전문적으로 브레인스토밍을 해보는 방법을 설명드리겠습니다. 제가 말씀드리는 방법은 거의 정석적인 방법에 가까우니 실전에서는 살짝 수정해서 사용하는 게 더 좋습니다.

The brief (전체 개요)

브레인스토밍의 기본 법칙은 텅 빈 상태에서는 성공할 수 없다는 것입니다. 브레인스토밍을 하기 전에는 문제 요약 보고서와 질문 사항을 정리해야 합니다. 다시 말해서 오늘 브레인스토밍을 하게 되는 이유와 그 배경에 대한 설명을 하고 그리고 어떠한 방향의 결론을 기대하는지 정리된 문건을 통해 참가자들이 충분히 숙지하고 있어야 합니다. 브레인스토밍 참가자의 임무는 예술가의 마음가짐으로 정보를 새로운 아이디어로 변환시키는 것이라고 할 수 있습니다. 괴상하고, 엉뚱하고, 이상하고, 황당하고 신선한 아이디어를 환영해야 즐겁고 재미있고 다양한 아이디어가 쏟아져 나올 수 있습니다. 그래서 브레인스토밍을 시작하기 전에는 아래의 여섯 가지 기본 원칙을 참여자에게 먼저 알려줄 필요가 있습니다.

1) 판단 보류 (Deferment of judgment) : 비판 금지.

2) 자유분방 (Freewheeling) : 엉뚱한 아이디어를 환영하라.

3) 질보다 양 (Quantity yield quality) : 가능한 한 많은 아이디어를 만들어라.

4) 결합 개선 (Combination and improvement) : 편승(히치하이킹)을 장려하라.

5) 잠깐 휴식 (Take Short Break) : 중간중간 휴식 시간을 넣어라.

6) 평가 실행 (Evaluate & Do Something) : 결과에 대해서 평가하고 실행하라.

브레인스토밍을 실행하는 데 있어서 진행 방법은 다음과 같습니다.

1) 주제는 구체적으로 명확하게 설정한다.

2) 참가자 전원의 얼굴이 보이도록 책상과 의자를 배치한다.

3) 화이트보드 또는 함께 볼 수 있는 모니터 등을 준비한다.

4) 분위기를 잘 이끌어 갈 만한 사람을 진행자로 선택한다.

5) 참가자는 가능하면 다른 분야의 인원으로 구성한다.

6) 내용을 전부 기록하고 키워드로 요약한다.

7) 토론 시간은 1시간 정도, 그 이상이 되면 휴식 시간을 갖는다.

8) 브레인스토밍의 결과는 하루 정도 지나고 나서 공유한다.

다음으로 브레인스토밍을 실행하는 데 있어서의 주의점입

니다.

1) 목소리가 큰, 지위가 높은, 적극적인 사람의 발언이 전체를 지배하지 않도록 한다.

2) 누군가 발언하고 있을 때는 다른 참가자는 발언할 수 없도록 한다.

3) 당사자가 아닌 사회자(또는 서기)가 발언자의 아이디어를 기록으로 남기기 때문에, 미묘한 뉘앙스나 그림은 사진으로 찍어둔다.

The people (참석자)

브레인스토밍의 참가 인원은 6~10명이 가장 이상적입니다. 하지만 필요시에는 더 적은 인원으로도 진행할 수 있습니다. 참가 인원수가 6명에 미치지 못할 경우에는 다양한 의견 도출이 좀 어려울 수 있습니다. 하지만 10명이 넘는 인원은 아이디어의 흐름을 관리하는데 진행자가 어려움을 겪을 수 있기 때문에 이런 경우에는 그룹을 나눠 진행하는 것이 좀 더 낫습니다.

그리고 브레인스토밍에 참가하는 분들이 그 분야에 정통하거나 지식이 많은 분들이 꼭 아니어도 됩니다. 다른 시각을 갖고 있는 분들이 참석하는 것이 오히려 더 좋은 아이디어를 만들어 내는 데 유리합니다. 매번 같은 멤버로 브레인스토밍을 하게 되면 언제나 틀에 박힌 이야기들만 나오게 됩니다.

배경지식이 없는 분이 브레인스토밍에 참여할 경우에는 '전체 개요' 부분에서 말씀드렸던 문제 요약 보고서와 질문 사항을 잘 정리해 주어야 외부의 비전문가도 적극적으로 참여할 수 있습니다.

브레인스토밍의 리더는 앞서 잠시 설명했던 것처럼 책임이 막중합니다. 리더는 문제를 구체적으로 제시해야 합니다. 예를 들면 '신제품 아이디어' 같은 일반적 주제 대신 '다이어트 시장의 30대 남성 고객을 대상으로 하는 신제품 아이디어'와 같이 구체적으로 문제를 제시해야 합니다. 리더는 제시하는 토론의 주제를 여러 각도에서 사전에 생각하고 충분한 경험을 쌓고 질문을 유도하는 방법에 대해 숙련되어 있어야 합니다.

The set (준비물)

브레인스토밍을 실행할 때 필요한 준비 사항은 무엇이 있을까요?

1) 필요한 사항을 정리할 필기도구

2) 편안한 분위기와 즐거움을 위한 맛있는 간식들

3) 사무실보다는 좀 더 재미있는 장소와 요소(가면?)

이런 준비물들이 있다면 브레인스토밍이 좀 더 즐겁고 재미있는 놀이 같은 느낌이 들것입니다.

The process (진행 과정)

브레인스토밍의 실행과 결과에 있어서 가장 중요한 것은 아이디어입니다. 따라서 완전 백지상태에서 시작하는 것이 가장 좋습니다. (물론 brief에서 전달되는 기본적인 상황을 이해하는 것은 필요합니다.) 과거의 문제를 기준으로 하게 되면 새로운 아이디어 찾기가 쉽지 않습니다. 과거로부터 출발하게 되면 과거의 낡은 아이디어만 나오기 때문입니다. 제가 자주 하는 이야기가 있습니다. "5%의 개선보다 50%의 개선이 더 쉽다." 왜냐하면 5%는 현재를 기준으로 새로운 아이디어를 만들어 내는 것이지만, 50%의 개선은 미래를 기준으로 새로운 아이디어를 만들어 내는 것과 같기 때문입니다.

브레인스토밍을 실행할 때 어색함을 없애고 보다 부드러운 진행을 위해서는 약간의 실행 준비 운동을 하는 것도 도움이 됩니다. 일종의 워밍업 같은 과정인데 구글 등에서 찾아 참고하면 좋을 것 같습니다. 저는 가끔 007빵이나 369 같은 간단한 게임을 하기도 합니다. 중요한 것은 이 게임이 어색한 분위기를 없애주고 새로운 아이디어를 만들어 내는 윤활유 역할을 한다는 것입니다.

워밍업이 끝나고 나면 실행을 위한 준비는 어느 정도 마무리가 되었습니다. 이제 오늘 이야기할 주제에 대한 간략한 소개와 어떤 결과를 만들어야 하는지 그리고 언제까지 진행할 것인지를 이야기한 후, 마지막으로 기본적인 브레인스토밍 규칙을 이야기하고 시작을 하면 됩니다.

진행 과정에서 잊지 말아야 할 것은 규칙을 엄격하게 준수해야 한다는 점입니다. 비판을 하거나 타협을 하는 일은 아이디어를 만들지 못하게 하는 가장 큰 적입니다. 또한, 어떤 이야기가 나오던 그 이야기를 정확하게 기록해야 합니다. 엉뚱하고 이상한 이야기가 나와도 일단은 기록했다가 나중에 버려야 합니다. 어느 정도 아이디어가 모이게 되면 이 아이디어에 대해서 평가를 진행해서 어느 정도 거르는 과정이 필요합니다. 아이디어는 가장 처음 이야기했던 전체 개요 때 돌린 문건을 참고해 브레인스토밍 목적에 부합하는지 여부를 중심으로 판단하면 됩니다. 다만, 지나치게 한정된 기준으로 정리하지는 말고(브레인스토밍이니까) 그것이 실행 가능한지 혹은 관심을 끌 수 있는지 기발한 것인지 등의 기준으로 정리해 보는 게 좋습니다.

마지막으로 브레인스토밍을 할 때 걱정스럽다고 하는 것 중 하나가 "아이디어가 정말 안 나오면 어떻게 할까요?"입니다. 이런 걱정을 하시는 분들이 의외로 많은데, 그런 건 걱정하지 말라고 말씀드리고 싶습니다. 아이디어가 나오지 않아도 상관없고, 다른 아이디어 창출 기법도 있습니다. (이 책에서 소개하지는 않겠지만, 아이디어가 떠오르지 않을 때 사용하는 Reverse Thinking이나 Thinkpak 같은 방법도 있습니다.) 중요한 건 이런 접근도 습관이라는 것입니다. 자꾸 하다보면 처음보다 훨씬 자연스럽게 많은 아이디어들이 나오게 됩니다.

The follow-up (사후 관리)

어느 정도 아이디어가 정리되었다면 이제 브레인스토밍은 종료하고, 다음날 혹은 그다음 날 정도에 아이디어가 어떻게 정리되었고 그 결과 어떤 식으로 보고되었으며 어떻게 의미 있게 사용되었는지 감사 인사와 함께 참여자에게 공유하는 것이 중요합니다.

지금까지 브레인스토밍을 잘하는 방법에 대해 세부적으로 알려드렸습니다. 여기에 좀 더 덧붙여서, 브레인스토밍 이외 새로운 아이디어를 창출하는 다른 방법도 간략하게 소개해 드리고자 합니다.

그 방법은 '브레인 라이팅(Brain Writing)'이라고도 하고 '침묵의 브레인스토밍'이라고도 하는데, 여섯 명이 세 가지 아이디어를 5분마다 적는다고 해서 '6-3-5 방법'이라고도 부릅니다. 참가자는 보통 여섯 명으로 합니다. 각자 세 가지 아이디어를 용지의 첫 번째 가로줄 세 칸에 하나씩 적고, 5분 후 옆 사람에게 건넵니다. 이렇게 전달받은 용지에 또다시 각자 5분간 고민을 한 후 세 가지 아이디어를 두 번째 가로줄에 기입합니다. 각자

앞의 사람이 기입한 첫 번째 줄의 아이디어를 보면서 이것을 발전시킨 새로운 아이디어를 두 번째 줄에 써넣는 방법입니다. 이렇게 마지막 줄까지 같은 작업을 반복합니다. A라는 사람이 1, 2, 3번에 세 가지 아이디어(신제품)를 넣어서 옆 사람에게 전달하고, 옆 사람은 그 아이디어를 받아서 다시 새로운 방향의 아이디어를 적어 넣는 방식입니다. 실제로 해보면 재미있고 다양한 아이디어가 쏟아져 나올 수 있는 방법입니다.

10

신제품 출시와 제품 개선에 관한 조사

앞에서 정성 조사에 해당하는 FGI와 브레인스토밍에 대해 설명했는데, 사실은 깐깐하게 진행하자고 하면 한도 끝도 없습니다. 응답자 간 서로 영향을 받지 않게끔 관리도 해야 하고, 응답자의 수준도 유사하게 골라야 합니다. 하지만 실무에서 진행하는 간단한 조사에서 이렇게 엄격하고 명확한 기준을 가지고서 진행하기는 사실상 어렵습니다. 사업 초기 간단한 방향성을 살펴보는 것이 목적인데 너무 원칙과 기준만 가지고서 접근하게 되면 큰 부분을 보지 못하고 시간만 보낼 수도 있습니다. 그래서 때로는 융통성이 필요합니다. 야전에서 수술을 하는 경우라고 생각하면,

야전 상황에서 모든 의료 장비를 완벽하게 갖춘 종합 병원 수준의 위생 환경을 요구할 수는 없지 않겠습니까? 급한 대로 긴급 구호 조치를 하고 나서 다음을 도모하는 것이 맞습니다.

지금부터는 정량 조사에 대해서 말씀드리고자 합니다. 정량 조사 내용은 여러 꼭지에 걸쳐서 말씀을 드려야 합니다. 좀 더 복잡하고 기술적인 설명을 요하기 때문입니다. 또한 조사 결과를 분석하기 위해서도 좀 더 전문적인 학습이 필요합니다. 정량 조사는 숫자로 "80%가 선호합니다"와 같은 결론을 내는 조사 방법입니다. 정성 조사가 가설을 도출하는 조사라면, 정량 조사는 가설을 확인하는 조사라고 할 수 있습니다. 아래 프로세스가 일반적인 조사 과정이라고 생각하면 좀 더 이해하기가 쉬울 것 같습니다.

정량 조사는 크게 5단계로 진행됩니다.

1) 어떤 문제를 파악할 것인가? 혹은 어떤 주제를 조사할 것인지를 논의하는 문제 제기 단계

2) 조사의 목적을 명확히 한 다음, 어떤 방법으로 어떻게 자료를 수집하고 표본을 설계할지 정하는 조사 설계 단계

3) 실제로 응답자를 찾아 설문지를 받는 실사 단계

4) 받아온 데이터를 분석하는 단계

5) 마지막으로 조사 결과를 활용하는 전략 수립 단계

어떤 문제를 파악할 것인지에 대해서는 이미 몇 꼭지에 걸

쳐서 설명했고 정성 조사를 할 것인지 정량 조사를 할 것인지에 대한 조사 방법 결정도 앞서 간략하게 이야기했으므로 이번 꼭지에서는 위의 다섯 가지 단계 중 2단계에 해당하는 조사 설계 및 방법에 대해서 설명드리겠습니다.

가장 대표적인 정량 조사 분석 방법은 T-test와 Anova-test 입니다. 어쩌면 처음 듣는 용어라 좀 어렵게 생각될 수도 있는데요. 언제 이 분석 방법을 사용하면 되는 것인지에 대해 가급적 이해하기 쉽도록 단순화해서 설명해 드리겠습니다. (통계 전공 선생님들께 혼날지도 모르겠네요.)

T-test는 인스턴트 커피 하나를 두고 남녀의 선호도 차이를 확인하거나 A/B 커피 사이의 맛과 선호도 차이 등을 평균값을 기준으로 통계적으로 확인하는 분석 방법입니다. 즉, 그 내용이 무엇이든 A를 더 좋아하는지, B를 더 좋아하는지 평균값을 기준으로 통계적으로 확인하고 싶은 경우 또는 기준값과의 비교를 통해 그 기준값과의 차이가 어떠한지 확인할 때 사용하는 방법이 T-test입니다. Anova-test는 인스턴트 커피에 대한 20대/30대/40대 연령별 선호도 차이, 연령대별로 단맛/신맛 차이 등을 확인하는 조사 방법입니다. T-test가 두 가지만 비교하는 조사 방법이라면 Anova-test는 세 가지 혹은 그 이상 측정치의 평균을 비교해서 통계적으로 차이가 있는지 확인할 때 사용하는 방법입니다.

이제 이 두 가지 조사 방법이 실제로 어떤 목적과 어떤 상황에서 사용되는지 하나씩 살펴보겠습니다. 보통 조사는 신제품을 출시하거나 기존 제품의 판매나 개선에 대한 니즈를 파악할 때 많이 사용합니다. 물론 브랜드에 소비자 인식 같은 브랜딩 조사를 진행할 수도 있고 전체 시장 트렌드를 보기 위한 소비자 태도와 사용 현황(A&U Test) 조사도 있을 수 있지만, 이런 경우에는 상대적으로 좀 더 큰 규모의 표본을 대상으로 하는 전문적인 조사가 진행되어야 하기 때문에 내부 역량만으로는 한계가 있을 수밖에 없습니다. 그래서 이 책에서는 현실적으로 내부 역량만으로도 조사 가능한 신제품 출시 그리고 제품 개선에 대한 조사로만 한정해서 설명해보겠습니다. 다음에 제시된 11가지 조사 목적과 조사 방법만 잘 익히고 있어도, 기본적인 시장 조사는 진행할 수가 있을 것입니다.

먼저, 신제품 출시와 관련해서는 통상 아래와 같은 상황을 파악하기 위해 조사를 진행합니다.

1) 신제품의 컨셉이 마음에 드는지 알고 싶다.

2) 신제품의 디자인이 마음에 드는지 알고 싶다.

3) 신제품의 맛/향/사용성이 마음에 드는지 알고 싶다.

4) 적정한 가격이 얼마 정도가 되는지 알고 싶다.

5) 얼마나 많은 사람이 구매할 것인지 알고 싶다.

그리고 기존 제품의 개선과 리뉴얼 상황을 점검하는 시장 조사의 경우에는 보통 아래와 같은 부분을 조사하게 됩니다.

6) 새로 리뉴얼하는 디자인이 기존 디자인보다 좋은가?

7) 개선된 맛/향/사용성이 이전 것보다 좋은가?

8) 최근 매출이 떨어지고 있는데 왜 매출이 떨어지는 것인가?

9) 구매자들의 불만은 어떤 것이 있을까?

10) 프로모션을 하는데 가격을 내리면 얼마나 매출이 올라
갈까?

11) 광고 안 중, 어떤 것이 가장 소비자에게 매력적일까?

신제품과 기존 제품의 개선이라는 상황을 가지고 총 11가지 시장 조사 상황을 도출해보았습니다. 하나씩 살펴보겠습니다.

신제품의 컨셉이 마음에 드는지 알고 싶다

여기에서 고민할 것은 "마음에 든다" 이 부분입니다. 마음에 든다는 것을 어떻게 설정할 것인지가 관건입니다. 예를 들어 과거 계속해서 신제품을 출시했고, 그 선호도를 평가했던 결과가 내부적으로 축적되어 있다면(보통 이런 자료를 내부 Norm이라고 합니다) 그때의 결과 값을 기준으로 신제품을 출시할 것인지, 말 것인지 혹은 성공 가능성이 있는지, 없는지 등을 예측해 볼 수 있습니다. 하지만 신생 기업의 경우 이런 기준값이 없는 경우가 대부분입니다. 이럴 때에는 업계의 관행적 기준값을 사용해야 하는데 일반적으로 5점 만점을 기준으로 했을 때 소비재의 경

우에는 3.5 정도, 식품의 경우에는 3.2 정도를 기준값으로 사용합니다. 물론 이런 기준은 업계마다 다를 수 있습니다. (5점 척도 조사법에 대해서는 추후 다시 말씀드리도록 하겠습니다. 일단은 어느 정도는 아신다고 전제하고 넘어가겠습니다.)

신제품의 디자인이 마음에 드는지 알고 싶다

기준값이 없다면 사실 조사의 결과를 어떻게 해석해야 하는지는 애매할 수밖에 없습니다. 이런 경우에는 경쟁 제품이 있거나 기존 제품과 함께 조사해서 상대적 판단을 하는 방법이 보통입니다. 비교 대상이 두 가지라면 T-test를 사용하고, 비교 대상이 세 가지 혹은 그 이상이라면 Anova-test를 사용합니다. 소비자가 평가한 값을 서로 비교해서 통계적으로 유의미한 차이가 있는지, 그 차이가 긍정적인지 부정적인지를 판단해야 합니다.

신제품의 맛/향/사용성이 마음에 드는지 알고 싶다

이 또한 비교의 대상이 없다면 조사하기가 애매한 상황입니다. 내부 기준값으로 사용하는 것은 보통 5점 척도 기준 평균 3.5점 정도입니다. 이럴 경우에는 경쟁사 혹은 경쟁이 되는 제품 혹은 신제품의 A/B/C 버전을 만들어서 비교하는 것이 보통입니다.

적정한 가격이 얼마 정도가 되는지 알고 싶다

보통은 구매 의향률을 물어봐서 설정하는 것이 보통입니다. 예를 들어 "이 제품이 만 원일 때 구매하시겠습니까?" 이렇게 물어보는 것이죠. 답변을 5점 척도로 받아서 약 3.5 정도를 기준으로(1점은 절대로 구매하지 않겠다 - 5점은 반드시 구매한다) 평가합니다. 3.5점 수준을 넘으면 가격이 어느 정도 수용된다고 판단하는 것이죠. 이런 형태의 분석은 T-Test나 Anova-Test 같은 분석 방법을 사용하는 것이 아니라 좀 더 복잡하고 다양한 방법을 사용합니다. 가격 민감도 분석 혹은 가격 Trade Off 같은 방법을 사용하는데 내부에서는 진행하기가 어려워 일단 구매 의향만 체크한다고 생각하면 될 것 같습니다.

얼마나 많은 사람이 구매할 것인지 알고 싶다

가격에 대해서 반드시 구매한다고 응답했던 소비자 중에서 실제로 몇 % 정도가 구매했는지 Norm으로 설정하는 방법입니다. 이 경우 Norm 데이터가 있는 기업만이 가능합니다. 없는 경우에는 일반적으로 사용하는 기준을 가져다 쓸 수밖에 없습니다.

새로 리뉴얼하는 디자인이 기존 디자인보다 좋은가?

두 가지 디자인의 선호도 비교이므로 T-test를 통해서 파악할 수 있습니다. 두 가지 이상의 디자인을 비교할 때는 Anova-test를 통해서 파악할 수 있습니다.

맛을 개선하는데 개선된 맛이 이전 것보다 좋은가?

바로 위의 질문의 답과 동일합니다. T-test나 Anova-test를 통해 두 가지 혹은 세 가지 혹은 그 이상의 대안들에 대한 만족도 평가를 통해서 확인할 수 있습니다.

최근 매출이 떨어지고 있는데 왜 매출이 떨어지는 것인가?

이런 조사가 제일 복잡한 조사인데요. 이러한 조사는 단순한 한 가지만을 조사해서는 결론을 내기가 어렵고 좀 더 복합적인 조사가 필요합니다. ①소비자의 선호도 ②판매 접점에서의 판촉 차이 ③진열의 차이 ④품질의 차이 ⑤가격의 수용도 등 여러 가지 원인을 파악해야 하는 데 현장 조사와 소비자 조사가 동시에 진행되어야 하는 복합 조사라고 말씀드릴 수 있습니다.

구매자들의 불만은 어떤 것이 있을까?

구매자의 불만을 조사하는 방법에는 우리 제품에 대해 구매자에게 직접 물어보는 방법이 있고, 고객의 클레임을 기준으로 구매자의 불만을 조사하는 방법이 있습니다. 물론 후자의 경우 고객 불만을 상담하는 접점에서 얼마나 잘 정리된 불만 사항을 모을 수 있는지가 핵심입니다. 그리고 구매자의 불만은 앞서 말씀드렸던 FGI를 통해서 그 종류와 범위를 파악한 다음, 불만 각각에 대해 강도를 파악하는 수단으로 정량적 조사를 추가로 진행해 볼 수도 있습니다.

프로모션을 하는데 가격을 내리면 얼마나 매출이 올라갈까?

이 문제는 지금까지의 판매를 기준으로 미래를 예측하는 모델이 필요한데, 이러한 분석 방법을 회귀 분석이라고 합니다. 간단하게 말하면 지금까지의 판매 결과를 기준으로 미래를 예측할 수 있는 수학적인 공식을 만들고, 그 공식에 매출에 영향을 주는 원인별 자료를 넣고 매출을 추정하는 방법입니다. 회귀 분석은 기본적으로 중급 분석에 속합니다만, 그래도 엑셀에서 지원하는 분석이기 때문에 뒤에서 다시 설명하도록 하겠습니다.

광고 안 중에서 어떤 것이 가장 소비자에게 매력적일까?

측정된 값의 평균을 기준으로 비교의 대상이 두 가지이면 T-test, 두 가지 이상이라면 Anova-test를 사용하면 됩니다.

이상으로 실제 업무를 하면서 가장 빈번하게 접하게 되는 시장 조사 상황을 놓고 각각 어떻게 정량 조사를 진행하면 좋을지 예시적으로 설명해 드렸습니다. 다양한 상황이 발생할 수 있지만 가급적 일반화시켜서 말씀드렸습니다. 이해가 잘 되셨는지 모르겠네요.

핵심은 이런 시장 조사를 자주 해보면서 시행착오를 거치며 내부 기준값이나 우리 기업만의 특이점을 확인해 나가고, 내부 오류를 조금씩 줄여가는 것입니다.

11-1

꼭 알아야 하는 시장 조사 용어 (1)

이번에는 그동안 이야기했던 것 중에서 반복을 해서라도 어느 정도 머릿속에 넣어 두어야 하는 기본적인 지식에 대해서 간단히 정리해보겠습니다. 제가 말은 간단하다고 했지만, 이런 내용을 처음 접하는 분들이라면 낯선 용어로 인해 어렵다고 느낄 수 있습니다. 하지만 업계에서는 두루두루 사용하는 용어인 만큼 불편하더라도 친해지려는 노력이 필요합니다.

측정(measurement)

대상의 특징을 계량화하여 숫자를 부여하는 과정을 말합니다. 예를 들어 어떤 물건의 무게를 재기 위해 저울에 올려놓고 5kg, 100g으로 그 값을 숫자로 읽는 것을 측정이라고 합니다.

척도(Scale)

측정하고자 하는 대상에 부여하는 일정한 규칙을 가진 숫자들의 체계를 의미하는 것으로 저울에 있는 Kg 눈금이 척도에 해당합니다. 척도는 수준에 따라 명목 척도, 서열 척도, 등간 척도, 비율 척도의 4가지로 나눌 수 있습니다.

명목 척도 (남/여, 흑인/백인/황인, 내국인/외국인, 무교/기독교/천주교/힌두교/기타 등)

측정 대상에 따라 고유한 숫자를 부여할 수 있는 척도를 의미합니다. 이는 대상을 단지 일정한 범주로 구분하며 부여된 숫자에 의해 구분하는 것 이외 다른 의미는 없습니다. 예를 들면 Q) 귀하의 국적은 어디입니까? A) 1. 내국인 2. 외국인이라고 응답자에게 질문하고 측정하였을 때, 내국인을 1로 외국인을 2로 구분했지만, 구분 이외의 다른 의미는 없습니다. 이런 명목 척도의 특징 중 하나는 숫자에 의미가 없기 때문에 크기의 구분이나 더하거나 빼는 등의 사칙 연산이 안 되는 한계가 있습니다. 그래서 좀 더 고차원적인 통계 분석을 할 경우에는 제약이 있을 수밖에 없습니다.

서열 척도 (학력, 1등/2등/3등, 가장 선호/두번째 선호/세번째 선호, 축구 국가별 순위 등)

범주와 측정 대상의 상대적인 서열, 순서를 측정하기 위한 척도입니다. 하지만 범주 간 양의 많고 적음을 나타내지는 못하고 단순히 순서만을 의미합니다. 예를 들어 1등은 200점이고, 2등은 80점, 3등은 79점 일 순 있어도 양이 많고 적음을 나타내지 못하고 1등, 2등, 3등 순서만 나타낼 수 있습니다. 이해를 위해 몇 가지 더 보여드리면 Q) 좋아하는 산을 순서대로 나열하세요. A) 한라산, 백두산, 지리산, 남산. 이런 질문의 경우 좋아하는 산의 순서를 알 수는 있지만, 1위와 2위 그리고 3위의 좋아하는 강도까지는 알 수가 없습니다. 단지 선호도 상의 서열만 알 수 있습니다. 서열 척도의 특징은 명목 척도와 같이 사칙 연산을 할 수 없고 최빈값(가장 많이 나온 측정값), 중앙값(가운데 위치한 측정값), 백분위(응답에서의 비율) 등으로만 사용할 수 있습니다. 명목 척도의 경우는 어쩔 수 없이 사용하는 경우가 있긴 하겠지만, 실무에서 간이 조사를 할 때는 서열 척도는 가급적이면 사용하지 않는 것이 보통입니다. 보통 권해드리는 척도는 다음에 말씀드릴 등간 척도나 비율 척도입니다.

등간 척도 (리커트 5점 척도, 7점 척도, 온도, IQ 등)

등간 척도는 구간 척도라고도 하는데, 측정 항목의 범주 서열뿐만 아니라 값 간의 차이가 일정하게 나누어 지는 것을 의미합니다. 그러나 절대 영점의 개념은 없습니다. 절대 영점? 이게 무엇인가 하면 정말 "0"의 개념입니다. 없다! 무의 개념이라고 생각하면 됩니다. 예를 들어 온도계의 0도는 절대적인 온도가 없다는 0의 개념이 아니라, 우리가 정한 기준에서 여기를 0으로 하자라고 정한 0인 것이지 실제로 온도가 없는 상태는 아닙니다. 이처럼 등간 척도에는 진정한 0의 의미는 없습니다. 다음의 예를 통해서 좀 더 살펴보겠습니다. Q) 서비스에 대해 얼마나 만족하나요? A) 매우 불만족(-2), 불만족(-1), 보통(0), 만족(1), 매우 만족(2). 이렇게 질문했을 두 번째, 세 번째, 네 번째 항목을 고른 분들이 계신다면 불만족과 보통 그리고 만족의 간격 차이는 동일하지만 불만족보다 만족을 선택한 응답자가 두 배 더 만족한다는 의미는 아닙니다. 보통을 선택한 사람의 0이라는 값은 우리가 임의로 정한 0이므로 진정한 '없다'는 의미는 아니기 때문입니다. 따라서 등간 척도의 결과는 덧셈과 뺄셈은 가능하지만 곱셈과 나눗셈은 되지 않고 평균, 표준 편차, 산술 평균, 분산, 회귀 분석 등 대부분의 모수 통계 분석에서 사용 가능합니다. 그래서 현업에서의 간이 조사 방법으로는 등간 척도를 가장 권해 드리고 있습니다. 그리고 다양한 등간 척도 중에서도 5점 척도(1점~5점으로 측정) 척도를 가장 많이 사용합니다.

비율 척도 (키, 몸무게, 시험성적 등)

비율 척도는 척도 중에서 가장 많은 정보를 담을 수 있는 척도로 모든 분석이 가능합니다. Q) 귀하의 키는 얼마입니까? A) 200cm. 이 경우 200cm인 사람은 100cm인 사람에 비해서 키가 2배 크다는 의미가 있으며 절대 영점의 개념이 존재합니다. 왜냐하면, 키는 0에서 시작하니까요. 비율 척도는 사칙 연산이 가능하고 모든 모수 통계를 사용할 수 있는 특징이 있습니다.

위의 네 가지 대표 척도 외에도 의미 차별화 척도, 연속형 평가 척도, 스타펠 척도, 고정 총합 척도 등이 쓰이기도 하지만 간이 조사의 경우에는 위의 네 가지 척도 정도면 충분합니다.

11-2

꼭 알아야 하는 시장 조사 용어 (2)

앞 꼭지에 이어 시장 조사 할 때 사용하는 통계 관련 개념과 정의들 중 적어도 꼭! 알아야만 하는 것들만 추려보았습니다. 이 정도는 그래도 읽어보면 어느 정도 이해할 수 있습니다. 혹시 그렇지 않다면 반복해서 읽으시고, 다양한 자료를 이용해서 좀 더 깊은 부분에까지 이해해 보시기 바랍니다. 인터넷 검색도 많이 해보시고요.

기술 통계와 추계 통계

기술 통계(descriptive statistics)는 자료의 특성을 그대로 적는 것을 말합니다. 예를 들어 1년간 평균 매출, 부서별 사원 수, 학급별 학생 수 등을 말합니다. 추계 통계(inferential statistics)는 일부 표본을 가지고서 모집단 전체를 추정하는 통계입니다. 예를 들어 "30대가 선호하는 몸무게는 몇 kg인가요?"라고 30대 표본 50명에게 물어서 30대 전체의 의견이라고 추정하는 조사를 의미합니다.

모수와 통계량

모수(parameter)는 추계 통계학에서 모집단의 특성을 나타내는 것을 말하며 통계량(statistic)은 표본의 특성을 나타내는 것을 말합니다. 예를 들어 40대 남성에 대하여 조사를 진행한다면 모수는 전체 한국의 40대 남성이 되는 것이고, 이 중에서 400명 정도를 잘 선정해서 측정한 결과가 통계량입니다.

표본 분포

어떤 표본으로부터 나온 통계량, 즉 표본 통계량의 분포를 말하는데 만약 주사위를 다섯 번 던진 값의 평균 값 100개를 모아서 그래프로 그렸다고 생각해 보세요. 이럴 경우에는 그래프가 종모양의 결과값을 보여주는 형태(분포)가 되는데, 이런 분포를 '표본 분포'라고 하고, 그중에서도 가장 많이 사용하는 좌우대칭 종모양의 분포를 '정규 분포'라고 합니다.

중심극한정리

중심극한정리(CLT : Central Limit Theorem)는 어쩌면 가장 중요한 정리인데요. 분산이 유한한 모집단에서 선택한 무작위 표본의 평균 분포는 모집단 분포의 모양에 관계없이 표본 크기가 클 때($n>32$) 대부분 정규 분포를 따른다는 것을 말합니다. 이 정리가 중요한 이유는 각 질문의 응답자 수가 적어도 32(명)를 넘어야만 통계적으로 유의미한 어떤 특정 집단의 대표성을 가질 수 있다는 것을 뜻하기 때문입니다. 따라서 실무적으로 이를 기준으로 조사 샘플의 수를 정하는 경우가 많습니다. 즉, 적어도 조사 대상이 되는 표본이 한 그룹당 32명은 넘어야 한다는 뜻입니다. 예를 들어 20대 여대생을 대표하는 집단의 의견을 묻는 질문을 하고자 한다면 적어도 20대 여대생 32명에게 질문을 해서 모두 응답을 받아야 그 집단을 대표하는 의견이라고 할 수 있다는 뜻입니다.

대립 가설과 귀무가설

용어가 어려운 것 같지만 내용 자체는 간단합니다. 연구자가 믿고 그럴 것 같다고 생각하는 가설을 대립 가설(對立 假說, alternative hypothesis), 반대로 진짜 그래? 하면서 통계적 검증 대상이 되는 가설은 귀무가설(歸無假說, null hypothesis)입니다. 광고를 하는데 효과가 있는지 없는지를 알아보는 조사에서 연구자는 광고의 효과가 있을 것이라고 가정하고, 귀무가설로 '광고 효과가 없다'를 설정하고 이를 조사해서 실제로 광고 효과가 있는지 없는지를 검증합니다. 즉, 통계적 가설 검증으로 귀무가설이 기각되면 대립 가설이 인정되는 프로세스라고 생각하면 됩니다. 다시 한번 더 정리하면 귀무가설은 '광고의 효과가 없다'로 설정하고, 실제 조사 분석 결과를 보니까 광고의 효과가 있다는 통계적인 유의미한 결과가 나왔기 때문에 대립 가설인 '광고 효과가 있다는 가설을 채택한다'라고 설명할 수 있습니다. (어렵나요?)

1종 오류와 2종 오류

좀 어렵기는 한데, 알아 두는 것이 좋을 것 같아서 적어 봅니다. 1종 오류(Type 1 error)는 '광고 효과가 없다'가 실제 상황인데 광고 효과가 있다고 판단하는 오류를 말하고, 반면에 2종 오류(Type 2 error)는 1종 오류와 반대로 광고 효과가 있는데 없다고 판단하는 오류를 말합니다. 통계학에서는 1종 오류를 더 중요하게 생각합니다. 왜냐면 없는 사실을 있다고 받아들이는 오류가 있는 걸 없다고 말하는 것보다 더 심각한 오류라고 생각하기 때문입니다.

유의 수준

유의 수준(有意 水準, p-value, α)은 귀무가설이 참인데 잘못 기각할지도 모르는 확률, 즉 귀무가설이 맞는데 틀렸다고 결론을 내리는 확률을 말합니다. 따라서 유의 수준의 기준보다 확률이 낮게 나올수록 이 연구자는 귀무가설을 기각하고 자신이 원하는 주장을 할 수 있게 됩니다. 예를 들어 "광고 효과가 없다"라는 귀무가설을 채택할 유의 수준 기준을 0.05로 설정하고 실제 통계 검증을 해보니 P값(유의수준 값)이 0.02가 나왔다고 가정해 보겠습니다. 이 경우 유의 수준 기준값인 0.05보다 작은 값이 나왔기 때문에 귀무가설을 기각하고 "광고 효과가 있다"라고 할 수 있다는 뜻입니다. 어려우신가요? 다시 한번 말씀드리면 유의 수준은(광고 효과가 없다는 귀무가설이 참인데, 대립 가설을 선택하는 오류) 최대 허용 한계를 이야기하는 것이므로 5%보다 작을 경우(예를 들어 2%가 나온 경우) 귀무가설이 틀렸다(광고의 효과가 있다)고 이야기할 수 있다는 것입니다. 일반적으로 사회 과학에서의 유의 수준은 α=0.05(5%)를 주로 사용합니다. 그럼 통계적으로 '유의(有意)하다'라는 뜻은 무엇일까요? '유의하다'는 것은 결국 통계적으로 가설이 증명되었다는 것을 의미합니다. 다만 유의 수준 기준으로 얘기해야 좀 더 정확한 표현이 되는데, 유의 수준 5% 아래가 되어야 연구자가 주장하는 대립 가설이 맞다는 거고, 그 반대인 귀무가설의 경우 우연적인 산물에 불과하다는 주장입니다. 유의 수준 5%는 신뢰 수준 95%와 동일한 말입니다.

지금까지 통계 용어들을 정리해보았는데, 좀 더 자세한 개념에 대한 이해는 추가적인 자료를 꼭 찾아보시기 바랍니다. 아마도 시장 조사 책을 처음 보시는 분들이라면 통계 용어에서 가슴이 답답해지고 숨이 막혀오면서 이게 도대체 무슨 소리야 하실수 있는데요. 전공자가 아니라면 한 번에 이해하기가 어려운 게사실입니다. 그래서 각 용어에 대한 자료도 좀 더 찾아보고, 사례를 통해 이해의 폭도 넓혀야 합니다. 그런 다음 꼭 자신의 언어로 정의해 보시기 바랍니다. 타인에게 설명해줄 수 있을 정도가 되어야 진짜 아는 것입니다. 그리고 가장 중요한 것! 익힌 개념들을 실제 시장 조사에 활용해 보는 것입니다. 통계 용어를익히는 이유는 결국 좀 더 정확한 분석을 하기 위해서입니다.그러니, 실제 조사 도구로써 배운 개념들을 활용해야 합니다. 개념으로만 아는 것과 실제 시장 조사에 적용해서 분석해보는 것은 또 다른 시도입니다. 시도는 많이 해보는 게 중요합니다.

12

설문지 작성을 할 때 주의할 점

지난 꼭지에서 살짝(?) 어려운 통계 용어에 대해서 살펴보았습니다. 이번에는 어떤 방식으로 시장 조사를 위한 자료를 모을 것인가에 대해 이야기해보도록 하겠습니다. 보통 대규모 단위의 시장 조사의 경우 직접 자료를 모으지는 않습니다. 왜냐면 정교한 설계와 상당히 어려운 사전 작업을 필요로 하기 때문입니다. 하지만 우리는 우리에게 필요한 부분만 조사를 진행할 것이기 때문에 상대적으로 단순하게 말씀드리겠습니다.

앞서 말씀드렸던 정성 조사는 자료를 모으는 방법이 녹음이나 받아 적는 형태로 되어있습니다. 하지만 자료가 통계적으로 유의한지 여부를 검토해야 하는 정량 조사의 경우에는 체계적인 데이터의 형태(보통은 구조화된 설문지를 통한 자료 수집에 이런 표현을 쓰기도 합니다)로 자료를 만들어서 수집된 결과를 분석하게 됩니다. 자료를 모으는 방법도 학교에서는 우편 조사, 면접 조사, 전화 조사, 온라인 조사 등의 네 가지 방법이 있다고 보통 가르칩니다.

과거에는 "온라인 조사가 대표성이 있는가?"라는 부분에 대하여 여러 가지 말이 많았지만, 요즘은 나이가 많으신 분들도 인터넷을 모두 사용하는 추세라 그런 이야기는 더 이상 나오지 않고 있습니다. 최근에는 모바일로 진행하는 조사(간략한 내용으로 10문항 이내)도 가성비가 좋다는 이유로 많은 기업에서 활용하고 있습니다. 이런 데이터 수집 방법은 대부분 돈을 내고 진행해야 합니다. 하지만 여기에서 우리가 하고자 하는 조사가 자가 조사나 간이 조사인 경우에는 비용이 발생하지 않거나 발생하더라도 최소 금액을 사용하는 것을 전제로 합니다.

먼저 일반적인 자료 수집 비용만 말씀드리고 넘어가겠습니다. 일반적으로 면접 조사(조사원이 직접 집을 방문해서 얼굴을 보면서 응답자에게 설문지로 응답을 받는 방식)의 경우에는 한 건당 10만 원 정도의 비용이 책정됩니다. 설문지 길이에 따라서 한 건당 15만 원까지 요구하는 경우도 있습니다. 온라인 조사(온라인 사이트로 접속해서 응답자가 자발적으로 질문에 응답, 보통은 조사 업체의 패널을 대상으로 진행)의 경우 한 건당 약 5만 원~6만 원 정도가 보통 가격이라고 생각하시면 됩니다. 모바일 조사(모바일 조사업체의 패널을 대상으로 모바일 웹으로 설문지를 보며 응답)는 최근 생겨난 형태이므로 온라인 조사의 약 30% 수준의 가격으로 진행할 수 있습니다. 다만 모바일의 경우 비용이 저렴하기 때문에 모바일 조사 회사에서 기준으로 삼고 있는 최소 수준의 조사 인원은 넘겨야 하는 제한이 있기도 합니다.

그렇다면 저희는 돈을 쓰지 않고 조사를 할 건데, 자체적으로 진행하는 설문은 어떻게 하면 좋을까요? 우선 온라인 조사와 모바일 조사를 가장 먼저 생각해 볼 수 있습니다. 이 경우 통상 이메일을 통해서 설문지를 보내고 응답을 받는 방법을 가장 선호하게 되는데, 이 경우 기획하는 사람도 응답하는 분도 통제가 잘 안 될 확률이 매우 높습니다. 방법상으로는 가능할 것 같은데 막상 진행해 보면 결과를 믿을 수가 없는 경우가 많이 발생합니다. 그래서 저는 간단하게 진행하는 실무 조사로는 대면 조사 방식을 추천해 드립니다. 대면 조사 방식으로 설문을 하게 되면 무엇보다 내가 만든 설문지가 무엇이 잘못되었는지 혹은 어떤 부분에 대해서 응답자분들이 헷갈려 하는지를 확인할 수가 있습니다.

대면 조사에 필요한 설문지 작성 방법은 앞서 FGI 가이드를 만드는 것과 비슷한 과정을 거친다고 생각하시면 됩니다. 설문지를 받게 되는 응답자의 관점에서 설문지가 작성되어야 한다는 것이 가장 기본이라고 할 수 있습니다. 우선 전체적인 관점으로부터 질문을 시작하여 점차 세부적이고 자세한 부분으로 질문하는 것이 응답자 입장에서 가장 이해하기가 쉽습니다. 예를 들어 보겠습니다.

"음식을 만들 때 사용하는 장류를 만드는 회사 A는 20XX년 신제품 출시를 검토하면서 새로운 막장 출시를 검토하게 되었다. 이에 새로운 막장의 경쟁 제품과 경쟁 제품의 가격 그리고 경쟁 제품과의 차별점을 조사하여 제품의 컨셉에 반영하고자 한다."

어떻게 설문지를 꾸미고 조사를 진행하면 좋을까요? 1단계로 가장 먼저 해야 할 정리 사항은 조사를 언제 누구를 대상으로 진행하고, 어떤 결과를 얻을지를 명확하게 설정하는 것입니다. 일자, 대상, 목적, 예상 결과 이미지 그리고 3C 분석(Competitor, Company, Consumer)이 여기에 해당합니다. 특히 결과 이미지는 매우 중요합니다. 왜냐면 내가 원하는 조사 결과의 구체적인 결과물을 가정할 수 있어야 그걸 알아내기 위한 정확한 질문이 그다음 2단계에서 구성되기 때문입니다. 그렇지 않으면 한마디로 쓸데없는 질문이 많아지게 됩니다.

2단계에서는 질문 사항은 1단계에서 정리한 목적을 달성하기 위한 질문 내용으로 구성합니다. 인구통계학적 기준으로 성별, 연령, 학력, 소득, 거주 지역, 거주유형 등을 먼저 정리하고, 응답자의 주목과 관심을 얻기 위한 인트로 질문 그리고 예상 결과를 얻기 위한 메인 질문, 그리고 마무리 질문을 넣습니다.

이렇게 정리했다고 가정하고 설문지를 만들어 볼까요? 어떤 질문이 필요할까요? 예상 결과를 제일 중요하게 생각해야 한다고 말씀드려 왔습니다. 내가 알고 싶어 하는 것은 어떤 것인가? 마케팅 담당자로서 나는 어떤 결과를 얻고 싶은지를 생각해 봅니다. 만약 조사를 통해 경쟁 제품이 갖고 있지 않은 장점을 새로운 쌈장 제품 컨셉에 반영하고자 한다면 어떤 조사 결과물을 갖고 있어야 하는 걸까요? 제가 샘플로 정리한 걸 가져와 보겠습니다.

아래 내용은 설문지에 넣을 질문이 아닙니다. 설문 문항이 아니라 설문을 통해서 알고 싶은 결과입니다. 간혹, 아래와 같은 내용으로 설문 문항을 구성하는 경우가 있는데, 그렇게 해서는 안 됩니다. 응답자가 오랜 시간 생각을 많이 해서 답해야 하는 설문 문항은 적절하다고 할 수 없습니다.

1) 된장과 쌈장의 차이 인지 여부

2) 현재 고기와 야채를 드실 때 주로 어떤 장을 먹고 있나?

3) 집에서 만든 것인가? 아니면 구입한 것인가? 브랜드는? 용량은? 가격은?

4) 현재 구매하신 쌈장은 어떤 점이 좋아서 구매하였는가?

특징은 무엇인가?

5) 알고 있는 다른 쌈장 브랜드는? 그 브랜드는 어떤 브랜드 인가? 무엇이 특징인가?

6) 현재 구매하신 쌈장을 또 구매하겠는가? 예/아니오의 경우 그 이유는 무엇인가?

7) 쌈장을 구매할 때 가장 중요한 요인은 어떤 것으로 생각하는가?

8) 구운 마늘 플레이크가 포함된 쌈장이 나온다면 구매하겠는가? 예/아니오의 경우 그 이유는 무엇인가?

9) 가격은 얼마 정도가 적당하다고 생각하는가?

이 질문에 대한 답을 알아내기 위해 설문지로 돌아가 구체적인 설문 문항을 짭니다. 특히 아래와 같은 사항을 꼭 유의하셔야 합니다.

1) 쉬운 말을 쓸 것

2) 명확한 말을 쓸 것

3) 응답자가 추측하지 않게 할 것 : 일 년에 신용카드를 얼마만큼 사용하십니까? (잘못된 내용 = 얼마만큼)

4) 한 질문에서 두 가지 내용을 질문하지 말 것 : 이 호텔의 서비스와 요금은 마음에 드십니까? (잘못된 내용 = 서비스와 요금)

5) 유도성 질문을 하지 말 것 : 저희 삼성그룹의 이미지에 대

한 귀하의 생각은? (잘못된 내용 = 저희)

6) 선입관을 주는 질문을 하지 말 것 : 삼성 식당의 지저분한 환경에 대한 귀하의 의견은? (잘못된 내용 = 지저분한)

7) 선택형 질문에 대해서는 모든 가능한 응답을 제시할 것 : 귀하의 통근수단은? ①지하철 ②버스 ③택시 (잘못된 내용 = 다른 대안도 있을 수 있는데, 보기로 제시되지 않았다)

8) 조사자 임의로 가정하지 말 것 : 만일 ××후보가 대통령에 당선된다면, 그 후보가 제일 먼저 해야 할 일은 무엇이라고 생각하십니까? (잘못된 내용 = 만약 당선된다면)

9) 대답하기 곤란한 질문은 간접적으로 할 것 : 귀하의 친한 친구 한 명을 생각해주십시오. (잘못된 내용 = 귀하의 친한 친구)

보통 설문 문항의 종류에는 오픈형(괄호에 자기가 기입하는 방식), 선택형(몇 가지의 대안을 주고 그중에서 고르게 하는 방식), 평가형(태도나 의견의 강도를 알아보고자 사용하는 5점 척도) 등이 있습니다.

이상으로 설문지 작성법과 유의 사항 등을 살펴보았습니다. 앞서 여러 번 말씀드렸던 것과 동일하게 잘 만들고 싶다면 스스로 많이 만들어 보는 게 중요합니다. 다음 글에서는 설문지를 통해 얻게 된 자료를 어떻게 분석하는지를 말씀드리도록 하겠습니다.

13

엑셀로 끝내는 데이터 분석

이번 꼭지에서는 실제 설문을 통해 수집된 데이터를 어떻게 분석할지에 대해 설명할 예정입니다. 조사 관련 책이라는 특성상 데이터 분석 방법에 대해서 자세하게 알려 드리기에는 한계가 있습니다. 더군다나 데이터 분석은 엑셀이나 기타 프로그램을 이용해야 하는데, 이용법 자체를 설명하는 것은 이 책의 목적과도 좀 벗어나는 측면이 있고요. 그래서 입문편과 심화편으로 나누어서 꼭 필요한 것만 설명하고자 합니다.

본인이 엑셀 이용 경험도 부족하고 이번 꼭지가 내용상 어렵다고 생각되는 분들은 우선 입문편 부분만 읽고 넘어가도 됩니다. 입문 부분이든 심화 부분이든 핵심은 엑셀 프로그램을 이용할 줄 알아야 한다는 것입니다. 이 책을 계기로 엑셀과 친해지세요. 마케터라면 엑셀을 파워포인트만큼은 다룰 수 있어야 합니다. 엑셀을 잘 다루느냐 그렇지 않으냐에 따라 연봉이 몇백만 원 차이가 난다고 생각해보세요. 그럼 당장 공부하고 싶으실 겁니다.

입문편

지난 꼭지에서는 설문지를 어떻게 만들어야 하는가에 대해서 이야기를 했습니다. 이제 여러분은 어디 가서 정성 조사와 정량 조사에 필요한 기본적인 지식은 들어 보셨다고 말할 수 있는 단계까지 오셨습니다. 그럼 기본적인 지식을 가지고서 무엇을 어떻게 사용해서 시장 조사를 할 수 있을까요?

조사를 전문으로 하는 회사에서는 SPSS나 SAS 같은 통계 분석 전문 프로그램을 사용합니다. 하지만 이런 통계 분석 프로그램은 정품으로 개인이 구입하자고 하면 가격이 너무 비싸고, 엄청나게 복잡한 분석을 하지도 않을 것임에도 다양한 분석들이 기본으로 들어가 있어서 간단한 조사에 사용하기에는 좀 과도하다고 볼 수 있습니다. 오픈마켓에서 검색해보니 (2020년 4월 현재) SPSS 프리미엄 판은 약 1,300만 원, 스탠다드로 구매하시더라도 450만 원이나 하니 개인이 구매해서 사용하기에는 비싼 프로그램임에 틀림없습니다. 그렇다면 어떻게 해야 할까요? 간단한 시장 조사를 위해서 이 정도로 비싼 프로그램을 사야만 하는 걸까요? 아닙니다. 해답은 바로 여러분 주변에 있습니다. 이 프로그램은 너무나도 평이하고 많이들 사용하고 있으며 친숙하기도 해서 과연 이런 분석까지 가능할까, 의심스럽기까지 한데요. 그 프로그램은 바로 마이크로소프트사의 엑셀입니다.

엑셀은 너무나도 유용한 프로그램이라고 이미 잘 알려져 있습니다. 업무에 있어 엑셀만 잘 사용하더라도 웬만한 사무자동화를 통한 업무 효율을 높일 수 있을 뿐만이 아니라 데이터베이스로서의 활용까지도 가능하다는 장점이 있습니다. 그래서 엑셀을 잘 다룬다는 것은 얼마나 체계적으로 업무를 할 수 있는지를 결정지을 수 있는 중요한 업무 스킬이라고 할 수 있습니다. 그래서 저는 다른 어떤 프로그램보다도 엑셀을 통한 시장 조사 자료 분석을 여러분께 추천해 드립니다.

시장 조사를 막상 진행해보면 빈도 분석이 가장 많은 부분을 차지하게 됩니다. 빈도 분석이라고 하면 예를 들어 A/B/C 디자인이 있는데 "이 디자인 중 가장 선호하는 디자인을 고르세요." 이렇게 질문을 하고, 연령별 성별로 각각 얼마나 많은 선호를 하였는가를 분석하는 것으로 생각하면 됩니다. 조사 결과는 다음과 같이 나올 수 있습니다(그림 1). 엑셀을 이용해서 분석을 하게 되면 숫자로 보이는 이 차이가 통계적으로 유의미한 차이

성별	연령	A안	B안	C안	계
남자	20대	20	5	1	26
	30대	5	20	1	26
남자계		25	25	2	52
여자	20대	15	11	0	26
	30대	20	5	0	25
여자계		35	16	0	51
총계		60	41	2	103

그림 1 – 디자인 시안별 연령/성별 선호도 조사

인지 아닌지도 살펴볼 수 있습니다.

방금 말씀드린 정도의 분석은 엑셀에서 지원하는 피벗 테이블을 사용하면 너무나 쉽게 만들어 볼 수 있는데요. 이 정도를 활용하려면 아무래도 엑셀에 대한 기본적인 지식이 필요하겠죠. 예를 들어 VLOOKUP이나 HLOOKUP 같은 함수를 잘 사용한다면 자릿수를 정리하거나 날짜를 맞추거나 다양한 결과를 합쳐서 단순화하는 사전 작업을 통해서 분석의 편리함을 추구할 수 있습니다. 여기에 배열까지도 잘 아신다면 정말 엑셀로 거의 못 하는 것이 없을 정도로 다양한 분석이 가능하게 됩니다.

아마도 엑셀로 기초적인 분석을 하는 데 있어서 필요한 기능을 익히는 공부는 그리 어려운 일은 아닐 것입니다. 왜냐하면 엑셀은 일단 자주 사용하는 프로그램일 테니, 데이터 분석을 위한 기초적인 엑셀 수준은 함수 정도까지만 공부하시면 됩니다. 일반적으로 구할 수 있는 엑셀 책의 중간 정도(중급 수준)까지면 충분합니다. 조사된 자료를 분석하는 것뿐만 아니라 업무의 효율화와 생산성까지도 높일 수 있을 거라 확신합니다. 엑셀의 중급 유저가 되자~! 그러면 시장 조사의 기본은 이미 달성하고 있는 것입니다.

심화편

엑셀의 중급 과정까지 살펴보셨다는 것을 전제로 하고 이제 설명을 좀 해 보도록 하겠습니다. (만약 엑셀 중급 과정을 충분히 이해하지 못하고 있더라도, 일단 한번 읽어 보시고 어느 정도 수준이 필요하겠구나 감을 잡는 용도로 심화편을 읽어보셔도 좋을 것 같습니다.) 앞서 만들었던 설문지를 기준으로 기본적인 데이터를 만들고, 그 결과를 분석하는 방법에 대해서 이야기해 보겠습니다.

설문지를 만들었고, 그 내용을 정리하고자 한다면 먼저 엑셀로 정리하는 것이 현재로서는 가장 좋은 방법입니다. 최근에 오피스365 버전이 나왔는데, 저도 새로운 버전으로 바뀌고 나서 뭐가 어디 있는지 몰라 처음에는 헷갈리는 부분이 많아서 어려웠습니다. 이 책에서는 365버전으로 설명하겠습니다.

다음은 5점 척도를 활용한 설문지를 사용하여 응답 자료를 모았다고 가정하고 만들어 놓은 데이터 세트(그림 2)입니다. 가로축은 설문 항목, 세로축은 응답자 순으로 설문 결과 값을 엑셀로 정리해보았습니다.

NO	연령	기미혼	시안	a1	a2	a3	a4	a5	a6	a7	a8
1	3	1	1	3	3	2	1	3	3	1	3
2	3	1	1	4	2	3	2	4	4	2	4
3	3	1	1	3	2	3	3	3	3	3	3
4	3	2	1	5	2	4	3	5	5	3	5
5	2	2	1	5	1	3	1	5	5	1	5
6	2	2	1	5	1	2	2	5	5	2	5
7	2	2	1	4	1	3	2	4	4	2	4
8	2	2	1	5	2	4	5	3	3	5	3
9	3	1	1	3	2	3	3	3	3	3	3
10	3	1	1	3	3	2	1	3	3	1	3
11	3	1	1	5	3	3	1	5	5	1	5
12	3	1	2	5	3	3	1	5	5	1	5
13	3	1	2	4	3	4	4	4	4	4	4
14	4	1	2	4	4	1	3	4	4	3	4
15	4	1	2	4	3	5	5	3	3	5	3
16	4	2	2	4	4	2	4	4	4	4	4
17	4	2	2	4	4	5	6	4	4	3	4
18	4	2	2	5	4	4	4	4	4	4	4
19	3	1	3	3	2	2	1	3	3	1	3
20	3	1	3	5	2	3	1	5	5	1	5
21	3	1	3	5	3	3	1	5	5	1	5
22	3	1	3	2	3	4	4	4	4	4	4
23	4	1	3	3	4	1	3	4	4	3	4
24	4	1	3	3	3	5	3	3	3	4	3
25	4	2	3	4	4	2	4	4	4	4	4
26	4	2	3	5	4	5	4	4	4	5	4
27	4	2	3	5	5	3	3	4	5	5	4
28	4	2	3	4	4	2	4	4	4	4	4
29	4	2	3	5	4	5	4	4	4	5	4
30	4	2	3	5	5	3	3	4	5	5	4

연령 : 2=20대, 3=30대, 4=40대
기미혼 : 1=기혼 , 2=미혼
시안: 1=A안, 2=B안, 3=C안
응답자 : a1~a8 (A,B,C안 각기 32명 이상 조사)(* 현재 표는 데이터 일부임)
응답자 5점 척도로 응답

그림 2 - 디자인 시안별 연령/성별 선호도 조사 실제 데이터

설문 답을 받을 때 가능하면 동일한 단어를 선택할 수 있도
록 입력을 해 놓아야 나중에 엑셀의 피벗 기능을 이용해 그 결

과를 구분하기가 쉬워집니다(1, 1번, 일번, 일 번 등. 모두 같은 값을 의미하지만 적는 사람 마음대로 적게 되면 통계 분석이 안 됩니다.) 일단 SPSS 같은 전문 통계 프로그램을 사용하는 것은 아닌 만큼 가능하면 엑셀의 기본적인 분석 툴을 이용하는 것이 좋겠습니다. 기본적으로 SPSS에서 제공되는 빈도 분석, 평균 등은 엑셀의 피벗 테이블을 가지고 보시면 간단하게 볼 수 있습니다. 그림 2의 데이터의 경우에도 구분에 따른 각각 인원수나 혹은 평균값들에 대해서는 피벗 데이터로 바로 확인할 수 있습니다.

그림 2의 표는 간략하지만 실제로는 분석 내용에 따라 500개, 600개의 자료가 데이터로 만들어지기도 합니다. 아무튼 그림 2처럼 자료가 준비되었다고 가정하고 기혼과 미혼 두 그룹, 연령별 세 그룹, 그리고 시안 세 가지를 동시에 비교합니다. 그리고 한 사람이 세 개의 시안을 동시에 비교하는 건지, 아니면 한 사람이 한 개의 시안을 평가하는지에 따라 필요로 하는 총 조사 인원이 달라지게 됩니다. 예를 들어 한 명이 한 개의 시안을 평가한다면 2(혼인 여부) x 3(연령) x 3(시안) x 32명 = 576명이 필요하고, 만약에 한 명이 세 개의 시안을 동시에 평가한다면 2(혼인 여부) x 3(연령) x 32명 = 192명이 필요합니다. 물론 분석 방법은 달라집니다. (왜 32명인지는 앞서 중심 극한정리로 간략하게 설명했습니다.)

이제 분석용 데이터를 한번 살펴보겠습니다. 설명과 연습을

기미혼	연령	시안1	시안2	시안3	총합계
기혼	계	110	96	96	302
	20대	46	32	32	110
	30대	32	32	32	96
	40대	32	32	32	96
미혼	계	96	96	104	296
	20대	32	32	40	104
	30대	32	32	32	96
	40대	32	32	32	96
총합계		206	192	200	598

그림 3 - 디자인 시안별 연령/성별 선호도 조사 결과 데이터

위한 자료이므로 피벗 데이터로 연습을 위해 입력한 데이터 결과를 바로 보여 드리겠습니다(그림 3).

이 피벗 테이블을 보면 앞서 데이터를 넣었던 기혼과 미혼, 연령 별, 시안별, 최소 인원수를 32명을 넘을 수 있도록 만들었고 조사를 하다 보면 시안1의 20대처럼 다른 시안들보다 숫자가 많은 경우도 있습니다. 이럴 경우에는 가능하면 숫자를 맞춰서(사람 수를 동일하게) 분석을 하셔야 합니다.

데이터가 준비되었으면 이제부터 어떤 분석을 할 수 있는지 살펴보도록 하겠습니다. 가장 기본적으로 많이 하는 분석은 빈도 분석과 통계량 점검입니다. 피벗 데이터는 약간의 공부를 통해서 반드시 익혀두어야 합니다. 맨 먼저 빈도 분석을 한번 해 볼까요? 여기에서는 쌈장의 '달다/짜다'를 가지고 미리 조사한 데이터를 가지고 설명하겠습니다. 그림 4는 데이터를 넣은 채로 '달다/짜다'의 빈도를 피벗 테이블에서 살펴본 결과입니다.

데이터를 살펴보면 기혼과 미혼 연령대별로 어떤 맛이 강하다고 느꼈는지를 볼 수 있습니다. 기혼의 빈도를 보면 전체적으로 달다/짜다에 각각 152 : 150으로 큰 차이가 없지만, 연령별로는 달다/짜다의 차이가 크다는 것을 알 수 있습니다.

엑셀에서 설문 결과를 분석하는 또 한 가지 방법은 엑셀 함

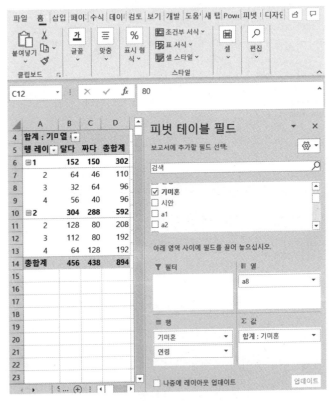

그림 4 - 혼인별/연령별 쌈장 맛을 조사한 피벗 테이블.
행의 1/2는 혼인 여부이고, 레이블2/3/4는 연령대별이다.

NO	연령	기미혼	시안	a1	a2	a3
1	2	1	2	5	2	4
3	2	1	2	5	1	3
4	2	1	3	4	1	3
5	2	1	3	4	1	3
6	2	1	3	5	2	4
7	2	2	1	5	3	3
8	2	2	1	5	3	3
9	2	2	1	4	3	4
10	2	2	2	4	4	1
11	2	2	2	4	3	5
12	2	2	3	4	4	2
13	2	2	3	4	4	5
14	2	2	3	4	4	5

	a1	a2	a3
5점	256	40	120
4점	202	200	85
3점	101	146	196
2점	16	109	142
1점	0	80	32
계	575	575	575

R3 = +COUNTIF(F$2:F$577,5)

그림 5 – COUNTIF 함수 사용 예, COUNTIF 함수를 이용하게 되면 마우스로 선택한 범위 내의 데이터만 계산할 수 있다.

수 COUNTIF 문을 사용하는 방법이 있습니다. COUNTIF 함수는 선택된 범위 안에서 하나의 조건을 만족하는 셀의 개수를 계산하는 함수입니다. 그림 5를 보게 되면 F2 위치의 데이터부터 F577까지의 데이터 중 5점에 해당하는 것만 추출했다는 것을 알 수 있습니다. (그림 5에서 표 위 함수식 보이시죠?) 하지만 함수 COUNTIF 문만 가지고서는 그림 4의 피벗 테이블처럼 분석이 되지 않습니다. COUNTIF는 단순히 한 열로만(그림 5의 경우 a1만) 분석이 되니까요. 물론 마우스로 선택한 영역의 평균값이나 데이터가 들어간 셀의 개수, 최솟값, 최댓값, 합계 등은 보여줍니다(그림 6).

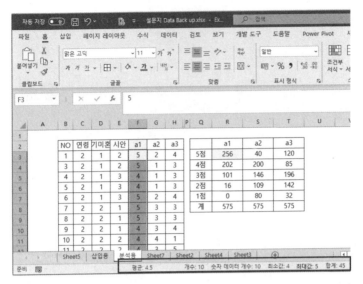

그림 6 – a1열을 마우스로 선택했을 때 보이는 각종 데이터 분석값. 평균이 나와있는 곳에 마우스를 위치시킨 다음 오른쪽 클릭을 하게 되면 메뉴창이 뜨고 최대, 최소, 셀의 개수 등을 추가로 볼 수 있다.

　엑셀에서 하는 실제 통계 분석 메뉴를 통한 분석 방법을 살펴보겠습니다. 앞서 만들었던 표의 경우에는 피벗 테이블로 분석하기 위해서 만들어진 데이터 형태이므로 엑셀에서 분석하는 데이터의 형태로 손을 좀 봐주어야 합니다. 데이터를 선택하고 개발 도구의 추가 기능을 클릭하시고 분석 도구의 앞칸을 클릭하여 활성화를 합니다(그림 7).

　혹시, 개발 도구가 안 보이시나요? 혹시 개발 도구가 없으신 분은 엑셀 2016을 기준으로 엑셀의 홈 버튼으로 가셔서 옵션을 클릭하시고 옵션 메뉴에서 리본 사용자 지정을 클릭하시면 오

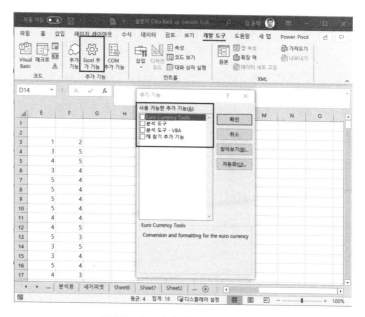

그림 7 - Exel 추가 기능을 활성화한 모습

른쪽 박스에 개발 도구가 체크되지 않은 상태일 겁니다. 그 개 발 도구 창을 선택하고 확인하면 개발 도구가 상단에 나타나는 것을 확인할 수 있습니다.

이미 알고 계신 분들이 많은지 모르겠지만 이 메뉴를 통해서 도 상당히 많은 분석이 가능합니다. 물론 SPSS 같은 전문 통계 프로그램과는 비교하기 어렵겠지만, 우리처럼 자체적으로 하는 간이 조사 범위로는 이 정도 통계 분석으로도 충분합니다. 이 메뉴를 통해서는 앞서 우리가 이야기했던 T-test, Anova-test, 회귀 분석 등도 가능합니다. 엑셀만 잘 이용한다면 상관관계 분석, 회귀 분석 등도 사실 어렵지 않게 해낼 수 있습니다.

그럼 간단하게 T-test와 Anova-test를 해볼까요? 우선 T-test를 해보도록 하겠습니다. T-test는 무엇이라고 했죠? 두 가지의 조사 결과에 대해서 이 평가 결과가 통계적으로 같은지 다른지를 살펴보는 분석이라고 했습니다. 기본적인 가정은 "이 두 조사 결과는 같다"로 시작합니다. 그런데 T-test를 할 때 한 사람이 두 번을 평가하는 경우가 있고, 각각 한가지씩만 평가하는 경우도 있습니다. 표로 설명해 드리면 다음 그림과 같습니다 (그림 8).

그림 8의 왼쪽 표는 응답자 한 분이 두 개의 디자인 시안을 동시에 평가한 경우로 T-test 쌍체 비교(쌍을 이룬 두 변수 간에 통계적으로 유의한 차이가 있는지를 확인하는 통계분석)를 통해서 이를 검증합니다. 그림 8의 오른쪽 표는 시안별로 각기 다른 응답자가 응답한 경우이며 이때는 등분산 가정 T-test를 사용합니다. 등분산을 가정하기 위해서는 적어도 32명 이상의 동질적인 표본을 모아야 합니다. 아래에 엑셀에서 평가가 가능한 형태로 데

응답자	시안1	시안2
가	5	4
나	4	1
다	1	6

응답자	시안1
가	5
나	4
다	1

응답자	시안2
라	5
마	4
바	6

그림 8 - T-test

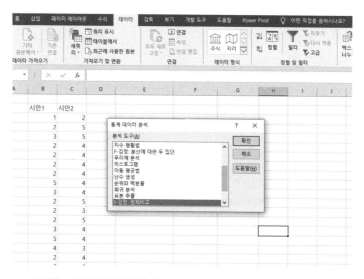

그림 9 – 등분산 가정을 위한 데이터 세트. 시안 1과 2에 대한 5점 척도 평가

이터 세트를 정리하여 붙여 놓았습니다(그림 9). (등분산 가정이
란? 두 개의 모집단에서 추출된 데이터 값의 분산이 같다는 것을 가정. 즉,
시안 1/2의 각 모집단 응답 값의 분산이 동일하다는 가정)

이제 앞서 말씀드렸던 T-test 쌍체 비교를 해보겠습니다. 그
림 10처럼 선택과 확인을 누르게 되면, 다음에는 옵션을 선택하
라는 창이 뜨게 됩니다. 이 창에서 데이터의 범위(시안1은 변수1
의 입력 범위로 지정, 시안2는 변수2의 입력 범위로 지정)와 첫 번째 항
목에 이름이 있으니 이름표 앞부분을 체크, 유의 수준은 5% 수
준으로 설정, 확인을 누르게 되면 다음과 같은 결과가 나오게
됩니다(그림 11).

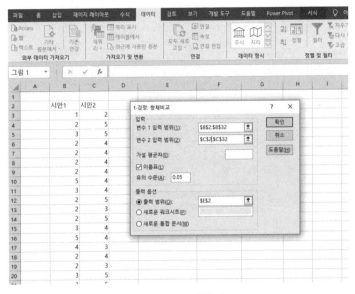

그림 10 - T-test 쌍체 비교

t-검정: 쌍체 비교

	변수 1	변수 2
평균	2.8	4
분산	1.544827586	0.896551724
관측수	30	30
피어슨 상관 계수	0.175802712	
가설 평균차	0	
자유도	29	
t 통계량	-4.615855549	
P(T<=t) 단측 검정	3.68445E-05	
t 기각치 단측 검정	1.699127027	
P(T<=t) 양측 검정	7.3689E-05	
t 기각치 양측 검정	2.045229642	

그림 11 - T-test 쌍체 비교 분석 결과

분석 결과를 보게 되면 t통계량이 -4.615856, 양측 검정(두 개 시안에 대한 비교니까) P값이 7.3689E-5(0.000074)로 나타나서 유의 수준 5%보다 매우 낮은 값을 나타내고 있음으로 두 개 시안에 대한 평가는 통계적으로 유의하다고 볼 수 있습니다. 우리가 통계 분석 결과를 신뢰하느냐 마느냐를 정한 기준이 5% 인데(일반적으로 사회 과학 통계 분석에서는 5%의 유의 수준을 사용) 5%보다 낮은 숫자가 나왔기 때문에 두 가지 안의 선호가 동일하다는 귀무가설을 기각하고, 두 시안의 선호는 차이가 있으며 두가지 시안 중 시안2를 더 선호한다는 결과가 나왔다고(통계적으로 유의하다고) 판단할 수 있습니다. 즉, **사람들이 디자인 시안 1보다 디자인 시안 2를 더 선호한다고 해석할 수 있습니다.**

자 이번에는 독립표본 T-test를 살펴보겠습니다. 이 T-test는 예를 들어 고등학교 남학생 A반과 B반의 영어 시험 성적이 과연 다른가 같은가를 살펴보는 경우를 가정하면 쉬울 것 같습니다. 예를 들어 평균이 A반이 3.4점, B반이 3.0일 때 이 점수 차이가 실제로 두 반의 성적 차이를 통계적으로 유의하게(의미가 있게) 인정하는 것인지, 그렇지 않은 것인지를 분석해 보는 것입니다. 앞에서 만들어 둔 데이터 세트(그림 12)로 분석을 해보겠습니다. 데이터를 넣는 방식은 동일합니다. 그럼 분석 결과를 한번 볼까요?(그림 13)

동일한 자료로 분석을 했으니 앞서 했던 T-test 쌍체 비교와

그림 12 - 독립 표본 T-test, 시안 1/2가 A/B반을 뜻합니다.

t-검정: 쌍체 비교

	변수 1	변수 2
평균	2.8	4
분산	1.544827586	0.896551724
관측수	30	30
피어슨 상관 계수	0.175802712	
가설 평균차	0	
자유도	29	
t 통계량	-4.615855549	
P(T<=t) 단측 검정	3.68445E-05	
t 기각치 단측 검정	1.699127027	
P(T<=t) 양측 검정	7.3689E-05	
t 기각치 양측 검정	2.045229642	

그림 13 - T-test 분석 결과 값. 시안 1/2가 A/B반을 뜻합니다.

는 평균은 동일하게 나오지만, P값이 살짝 다르게 나오는 것을 볼 수 있습니다. 이 경우 P값은 0.000091로 P값이 유의 수준 5%보다 작으므로 A반의 2.8점과 B반의 4.0점 평균값 차이는 통계적으로 유의해서(귀무가설인 'A반과 B반의 평균값이 같다'를 기각할 수 있어서) **두 반의 학력 차이는 존재한다. 즉, A반보다 B반이 공부를 더 잘한다**고 말할 수 있습니다.

여기서, 반드시 한 번 더 짚어야 할 부분은 A반은 2.8점 B반은 4.0점이 평균값이니 통계적인 분석을 해보지 않은 채 B반이 더 공부를 잘한다고 판단하는 경우입니다. 그런데 만약 P값이 0.06 정도가 나왔다면 A반과 B반의 성적 차이는 통계적으로는 유의미한 차이가 없다고 봐야 합니다. 그냥 평균으로서 점수 차이가 있을 뿐 통계적으로는 다르지 않다는 거죠. 만약 이를 A반 B반이 아니라 A안 B안으로 본다면, A안을 선택하든 B안을 선택하든 큰 차이가 없다는 뜻이 됩니다. **통계적으로 유의하다는 의미는 조사하는 사람이 설정한 기준을 가지고 판단할 때 내 기준 안에서 인정할 수 있는 차이가 있는지 없는지를 판단한다는** 뜻입니다. 그래서 내가 5% 정도의 오차는 인정하겠다고 설정을 하고서 P값이 0.06(6%)이 나왔다면 내 설정 기준을 넘어섰기 때문에 오류 가능성이 있다는 결과이므로 내가 설정한 통계적 기준에서는 A안이나 B안이나 선호도 차이가 없다, A반 실력이나 B반 실력이나 비슷하다고 말할 수 있게 됩니다.

다음은 A, B 이렇게 딱 두 가지의 대안이 아닌 두 가지 이상의 대안에서 소비자 선호를 분석하는 방법에 대해 말씀드리겠습니다. 보통 두 개 중에서 한 개를 선택하는 경우보다 한 세네개 중에서 한 개를 선택하는 경우가 실무에서도 더 많겠죠? 이렇게 두 개 혹은 그 이상의 조사 결과를 놓고 유의미한 통계적차이 수준을 체크하는 통계 분석은 분산 분석(혹은 Anova-test)이라고 하는데, 사실 분산 분석은 꼭 세 개 이상이 아닌 두 개의조사 결과를 비교할 때도 사용할 수 있습니다. 결과 값은 앞서살펴보았던 T-test와 같은 값이 나옵니다. 엑셀에서 이를 해보

그림 14 - 분산 분석 일원 배치법

그림 15 - 분산 분석 일원 배치법, 설정 값 입력

려면 분석 도구에서 분산 분석 일원 배치법을 선택하시면 됩니다(그림 14).

이번에도 보시는 것처럼(그림 15) 엑셀에 a/b/c안으로 데이터를 아래로 만들어 놓고 분석을 해보겠습니다. 이번에는 앞서 했던 t테스트와 다르게 데이터를 한 번에 넣게 되어 있습니다. (그림 15를 보게 되면 A1부터 C31까지 범위를 지정.) 이제 첫째 행 이름표 사용을 체크하고, 확인을 눌러 분산 분석한 결과를 보겠습니다(그림 16).

이 결과를 보면 a/b/c안의 평균과 분산이 있고 P값이 나와

분산 분석: 일원 배치법

요약표

인자의 수준	관측수	합	평균	분산
a안	30	132	4.4	0.524138
b안	30	103	3.433333	0.254023
c안	30	107	3.566667	0.254023

분산 분석

변동의 요인	제곱합	자유도	제곱 평균	F 비	P-값	F 기각치
처리	16.46667	2	8.233333	23.92984	5.23858E-09	3.101296
잔차	29.93333	87	0.344061			
계	46.4	89				

그림 16 - 분산 분석 일원 배치법 분석 결과

있습니다. P값이 5E-09라고 되어 있는데 소수점 이하의 0이 너무 많아서 그렇게 표현된 부분입니다. 소수점 아래 9번째에 5가 시작된다는 의미인데 거의 0에 가깝다는 뜻입니다. 결론은 앞서 해석했던 방식과 동일하게 P값이 우리가 분석 기준으로 잡은 유의 수준 0.05보다 매우 작기 때문에 a/b/c 세 개의 안은 서로 선호도가 확실히 다르다고 구분할 수가 있게 됩니다. 그런데 여기서 이 세가지 안 모두가 각각 다른 것인지 아니면 두 개의 안은 유사한데 한가지 안만 다른 것인지, 엑셀을 통해서는 이 부분을 명확히 알기가 어렵습니다. (SPSS같은 전문 프로그램에서는 사후 분석을 통해서 이 세가지 중에서 어떤 안이 좀더 다른 차이를 갖고 있는지 알려주는 부분이 있습니다.) 눈으로 봐도 확연한 차이가 난다면 상관없겠지만 그렇지 않을 경우 어쩔 수 없이 a/b, b/c, c/a

간 각각 독립표본 T-test를 통해서 다시 확인하는 방법밖에 없습니다.

다음으로는 반복이 있는 이원 배치법 분석을 말씀드리겠습니다. 실제로는 반복 없는 이원 배치법보다는 반복 있는 이원 배치법을 더 많이 사용하기 때문에 반복 있는 이원 배치법을 중심으로 설명 드리도록 하겠습니다. 여기서 반복이 있다, 없다는 무슨 뜻이냐 하면, 그림 17을 보게 되면 여자가 a/b/c안에 대해 여러 번 5점 척도를 한 게 보입니다. 이게 원래는 여자 1, 2, 3…

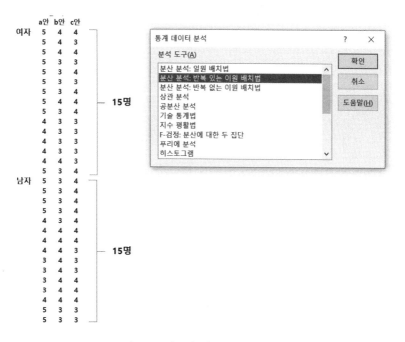

그림 17 – 분산 분석 : 반복 있는 이원 배치법

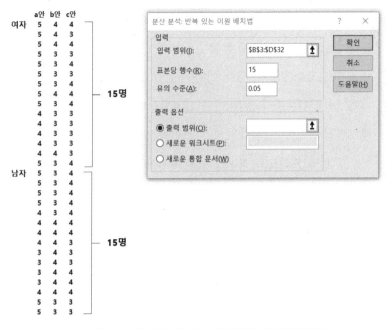

그림 18 – 분산 분석 : 반복 있는 이원 배치법, 셀 입력 범위 확인

이렇게 구분하는 게 맞겠지만, 우리는 여성 전체의 a/b/c안에 대한 선호도를 알고 싶기 때문에 굳이 구분을 하지 않은 것입니다. 이처럼 여러 여성들이 반복적으로 각 시안에 대해 의견을 표한 데이터이기 때문에 이를 '반복 있는'이라고 말합니다. 남녀처럼 어떤 그룹 단위의 의견을 알고 싶다고 할 때, 남녀의 차이를 동시에 분석해보고 싶을 때 반복 있는 이원 배치법을 사용하면 됩니다. 분석 방법은 다음과 같습니다.

데이터 분석을 클릭하면, 분석 메뉴가 뜨고, 그 메뉴 중에서

분산 분석: 반복 있는 이원 배치법

요약표	a안	b안	c안	계
여자				
관측수	15	15	15	45
합	70	50	52	172
평균	4.666667	3.333333	3.466667	3.822222
분산	0.238095	0.238095	0.266667	0.60404
남자				
관측수	15	15	15	45
합	62	53	55	170
평균	4.133333	3.533333	3.666667	3.777778
분산	0.695238	0.266667	0.238095	0.449495
계				
관측수	30	30	30	
합	132	103	107	
평균	4.4	3.433333	3.566667	
분산	0.524138	0.254023	0.254023	

분산 분석

변동의 요인	제곱합	자유도	제곱 평균	F 비	P-값	F 기각치
인자 A(행)	0.044444	1	0.044444	0.137255	0.711958	3.954568
인자 B(열)	16.46667	2	8.233333	25.42647	0.000000	3.105157
교호작용	2.688889	2	1.344444	4.151961	0.019076	3.105157
잔차	27.2	84	0.32381			
계	46.4	89				

그림 19 – 분산 분석 : 반복 있는 이원 배치법 분석값 확인

'분산 분석 : 반복 있는 이원 배치법'을 선택하고 확인을 누릅니다(그림17). 이 메뉴를 누르면 보시는 것과 같은 옵션 선택 창이 나오게 됩니다. 그 창에서 입력 범위를 여자/남자 구분된 셀과 a/b/c안 이름이 포함된 셀 전체를 선택하면 여자/남자 응답 값이 각각 15개씩인 것을 볼 수 있습니다(그림 18). 원래는 적어도

셀당 32개는 넘어야 합니다. 왜 그런지는 앞에서도 말씀드렸죠. 하지만 여기서는 편의적으로 분석법만 보여드릴 예정이라 이렇게 진행했습니다. 이제 표본당 행수에 15를 기입합니다. 그리고 확인을 누르면 분석이 진행됩니다.

결과(그림 19)를 보게 되면 인자 A(행)이라고 되어 있는 부분이 여자/남자의 차이인데, P값이 0.05보다 크므로 **여자 그룹과 남자 그룹간의 선호도 차이가 없다**고 판단할 수 있습니다. 인자 B(열)은 디자인 시안에 따른 결과의 차이가 있는가 라는 부분인데, P값이 0.05보다 작은 2.32E-09 이므로(그림 19에서는 0.000000) **a/b/c안 간의 선호의 차이는 분명히 존재한다**고 해석할 수 있게 됩니다. 그렇다면 a/b/c안 중 어떤 안이 선호되는 걸까요? 이는 평균값으로 구분해야 하는데 그림 19를 보게 되면 남녀 모두 a안이 b/c 안과 비교할 때 명확하게 평균값 차이가 나서 a안이 선호된다고 말할 수 있습니다. 다만 b/c안의 차이는 명확하게 구분하기가 어렵습니다. 이때 분석 결과를 놓고 명확한 차이가 나는 a안을 선택하는 것이라면 문제가 없을 테지만, b/c안 두가지도 비교해서 판단해 보고 싶다면 두 가지 시안을 가지고 T-test를 다시 해보아야 합니다.

그 아래 교호 작용이라고 있는데, 이는 두 가지 요인이 동시에 영향을 미치는가? 즉, 남녀 차이가 디자인 시안 선호의 차이가 있는가? 라고 보는 부분인데 이 부분에 있어서 P값이 0.05보다 작은 0.019로 나와 남녀와 시안 간의 상호 영향이 존재한다고 분석 결과를 해석할 수 있습니다. 즉, **남자냐 여자냐에 따라 a/b/c안 중 선호하는 것에 분명한 차이가 있다는** 뜻이 됩니다.

지금까지의 분석 방법은 회사에서 가장 많이 사용하고 있는 데이터 분석입니다. 통계 용어의 의미가 어려워 해석을 할 때 헷갈리는 측면이 있을 텐데, 자주 분석해보는 연습을 하게 되면 금방 익숙해지게 됩니다.

다음으로 회귀 분석인데요, 마지막입니다. 회귀 분석은 이럴 때 유용하게 활용할 수 있습니다. 예를 들어 광고비 투입과 매

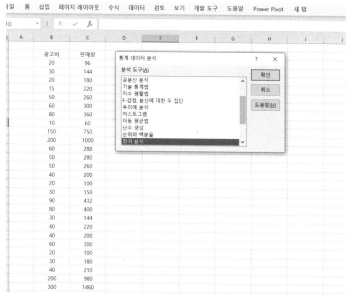

그림 20 – 회귀 분석을 위한 데이터 값. 통계 데이터 분석에서 회귀 분석을 클릭한다.

그림 21 - 회귀 분석 입력 범위의 입력

출 간의 상호 영향력을 확인해보거나, 가격에 따른 판매 예측을 하고 싶을 때 유용하게 활용할 수 있습니다. 오늘은 분석 방법만 보여드리기 위한 자료이니 간략하게 설명하겠습니다. 그림 20에서 보는 것처럼 광고비와 판매량을 기준으로 통계 분석을 해보겠습니다. 분석에 필요한 데이터 입력 범위 등을 체크하고 확인을 누릅니다(그림 21). 그러면 다음과 같은 결과가 나옵니다(그림 22).

이 결과를 볼 때 가장 먼저 볼 부분은 유의 수준과 결정 계수입니다. 결정 계수를 R Square라고도 하는데, 입력한 광고비

요약 출력

회귀분석 통계량

다중 상관계수	0.995215142
결정계수	0.990453179
조정된 결정계수	0.990071306
표준 오차	6.81484422
관측수	27

분산 분석

	자유도	제곱합	제곱 평균	F 비	유의한 F
회귀	1	120455.6141	120455.6141	2593.672758	8.88774E-27
잔차	25	1161.052544	46.44210174		
계	26	121616.6667			

	계수	표준 오차	t 통계량	P-값	하위 95%	상위 95%	하위 95.0%	상위 95.0%
Y 절편	-3.965309943	1.916751022	-2.068766312	0.049057649	-7.912932569	-0.017687317	-7.912932569	-0.017687317
판매량	0.207252897	0.004069518	50.92811363	8.88774E-27	0.198871567	0.215634227	0.198871567	0.215634227

그림 22 - 회귀 분석 결과 값

와 판매량이 서로 얼마나 상관관계를 가지느냐는 부분인데 결정 계수 값을 보게 되면 약 99%로 서로 간의 결과를 설명하고 있습니다. 사회 과학에서 적어도 30% 이상이면 상호 연관성이 높다고 말할 수 있습니다.

이제는 광고비와 판매량 사이의 상호 영향력을 확인했으니, 실제로 어떤 공식이 존재하는지 그걸 만들어보겠습니다. 분석 결과를 보게 되면 Y절편 계수가 -3.965309943이고, 판매량 계수가 0.207252897 입니다. 즉, 판매량 100을 만들기 위해 얼마의 광고비를 써야 하느냐는 문제인데, 분석 결과를 바탕으로 아래와 같은 식으로써 광고비를 추출할 수가 있습니다.

100 x 0.207252897(판매계수) + -3.965309943 = 16.75998 (광고비)

만약 회사에서 어느 높은 분이 판매량을 100개 만들고 싶은데, 그동안의 광고 집행 데이터를 바탕으로 판단했을 때 얼마의 광고비를 쓰면 되는 거야? 라고 질문을 할 경우 16.75998 만큼 써야 합니다, 라고 답을 할 수가 있게 됩니다.

엑셀을 이용해서 할 수 있는 데이터 분석에 대해 실무에서 가장 많이 필요로 하는 최소한의 것을 설명 드렸습니다. 그럼에도 불구하고 여전히 어렵다고 생각할 것 같습니다. 이번 꼭지는 실제 분석 도구를 다루는 부분이기 때문에 엑셀 프로그램에서 예제 데이터를 넣고 직접 하나씩 눌러보면서 연습하는 것을 추천합니다.

4부. 응용

14

제품 차별화를 위한 시장 탐색법

분석 방법에 대해서 살짝 깊이 있게 설명해 드렸던 지난 꼭지에 이어서 이번에는 소비자를 이해하는 노하우와 방법에 대해 이야기해 보고자 합니다.

만약 이런 요구가 내부에 생겼다고 가정해 보시죠. "경쟁사가 출시한 제품의 아이디어가 너무 훌륭하다. 대응 전략이 필요하다." 혹은 "A라는 제품이 특정 시장 카테고리에서 독점적인 위치를 차지하고 있는데, 이 시장이 향후 성장 가능성이 있어 보여 우리도 이 시장에서 들어가고 싶다. 그런데, 우리는 충분한 마케팅 자원이나 소비자 조사를 할 만한 비용도 부족하다."

이런 상황이라면 어떻게 대응해야 할까요? 어떤 분들은 "우리는 체면이 있으니 완전히 새로운 컨셉으로 도전해 보자!" 이렇게 말씀하시는 분들도 있을 거고, 또 어떤 분들은 "일단 빨리 비슷하게 만들어서, 싸게라도 내놓자"라고 생각하는 분들도 있을 것 같습니다. 이런 경우에 일반적으로 권장되는 기획의 방향은 비교를 통한 차별점을 파악하고, 그 차별점을 가지고서 제품을 기획하는 것입니다. 그런데 시간이 없거나 아이디어가 부족하게 되면 "똑같이 만들되, 좀 더 싸게 내놓자"는 대안이 채택될 확률이 높아집니다. 이처럼 가격을 내세운 가성비 컨셉이 당장은 차별화의 방법으로 선택하기가 쉽겠지만, 소비자가 브랜드 선호 경향이 강하거나 기존 제품에 대한 충성도가 높다면 가격이 더 저렴함에도 불구하고 팔릴 가능성은 더 낮아지게 됩니다. 이렇게 된다면 더 싸게 만들어서 시장에 내놓지만, 판매는 여전히 되지 않는 악순환에 빠질 우려가 생기게 됩니다. 그래서 가능하다면 싸게 만드는 방향은 접어두고, 무언가 작게라도 차별화 요소를 넣어서 제품을 만드는 방안을 검토하는 것이 좋습니다.

'비슷하지만 차별화한다'는 것을 '따라 하기'와 큰 차이가 없는 것으로 생각할 수도 있겠지만 그 결과는 의외로 클 수 있습니다. 왜냐하면 소비자는 우리가 생각하지 못한 작은 부분에서도 큰 차이를 느낄 수 있고, 그것으로 제품이 차별화되었다고 생각할 수도 있기 때문입니다. "작은 차이가 명품을 만든다"라는 필립스의 광고 슬로건이 오래되기는 했지만 아직은 통할 때가 있습니다. 그럼 약간의 차이를 만드는 데 있어서 중요하게 해야 할 시장 조사는 무엇일까요? 정량 조사는 아무래도 시간도 들고 준비할 것도 많기 때문에 이런 경우 빠르고 간단하게 할 수 있는 정성 조사를 먼저 고려하는 것이 좋습니다. (정성 조사를 탐험적 조사라고 부르는 이유가 이 때문입니다.) FGI도 좋고 브레인스토밍을 통한 개선 방향 도출도 좋습니다. FGI는 타깃 고객을 대상으로 하는 것이 가장 좋지만, 여의치 않다면 제품을 만드는 프로세스별 담당자들을 대상으로 하거나 유통 업체 담당자나 대리점주들과 간이 FGI를 진행하는 것도 새로운 관점을 얻는 데 도움이 됩니다.

그럼 FGI 어떻게 해야 할까요? 우리가 앞서 살펴본 FGI 방법을 떠올려 보고, 어떻게 구성을 하고 어떤 분들을 모시고 진행할지 한번 생각해 보시기 바랍니다. 우선 어떤 것을 물어야 할까요? 저는 아래와 같은 내용이 먼저 떠오릅니다.

1) 왜 이 제품이 인기가 많고, 그 배경은 무엇인가? : 핵심이 되는 좋은 점에 대한 명확한 이해
2) 가격은 얼마가 적절한가? : 좋은 점에 대해 지불할 수 있는 비용의 범위
3) 더 나아지거나 달라질 것은 없는가? : 제품에서 개선이

되었으면 하는 점

4) 왜 그렇게 생각하는가? : 개선이 되었을 때 가격은 어디
   까지

FGI나 브레인스토밍을 통해서 소비자들(혹은 각각의 담당자)
이 어떤 부분(품질/디자인/가격/차별화 요소)을 긍정적으로 생각하
고 있는지 명확히 파악하고, 좋은 부분을 좀 더 개선하거나 강
화하는 방향으로 제품을 기획한다면 차별화가 좀 더 용이할 수
있습니다. 다시 말해 FGI를 통해서 알게 된 소비자들의 개선점
과 지불 가능 가격을 고려해서 1차 안을 기획하는 것이죠. 하지
만 기획 단계에서 심각하게 고민할 부분이 있습니다. 그것은 소
비자가 정말 우리가 만드는 차별점과 개선점을 느낄 수 있는가
하는 부분입니다. 제품을 만드는 분들은 섬세하게 눈에 드러나
지 않는 제품 내부 사정까지 상세히 알고 있기 때문에 그 차이
를 금방 말할 수 있지만, 소비자는 전혀 그렇지가 않습니다. 중소
기업에 나가 컨설팅을 해보면 많은 분들이 '이 제품은 정말 좋은
제품이다' 라고 이야기하지만 해당 제품을 잘 모르는 입장에서
보면 뭐가 좋다는 건지 한눈에 안 들어오는 경우가 많습니다.

사소한 것조차도 잘 발견하는 소비자들이라고 앞에서 말씀
드리긴 했지만 한눈에 띄도록 만드는 건 무척이나 중요하고 필
요한 일입니다. 예를 들어 비누 케이스에 작은 발을 만들었다고
가정해 보시죠. 이 개선은 발이 없는 케이스로부터의 개선입니

다. 이건 소비자가 쉽게 알 수 있어서 차별화 포인트(물 빠짐이 좋은 비누 케이스)가 될 수 있습니다. 하지만 만약 이 비누 케이스가 다른 곳에서 사용하지 않는 PET 재질에 몸에 덜 해로운 어떤 성분이 들어 있다는 점을 차별화 포인트로 내세운다면 소비자가 금방 그 차이를 인지할 수 있을까요? 아마도 어려울 것입니다. 제품만 봐서는 금방 알 수가 없기 때문이죠. 왜 '백문이불여일견'이라는 말이 있겠습니까? 아무리 듣는(광고나 홍보) 것이 좋다 하더라도 한번 보거나 스스로 느끼는 것만 못하기 때문입니다.

그렇다면 물리적인 차별점 외에 다른 차별점은 또 없을까요? 제품을 기획할 때 너무 근시안적으로 어떤 사안에 접근하게 되면 가장 핵심적인 부분을 놓치는 경우가 생기게 됩니다. 등잔 밑이 어둡다는 이야기를 이럴 때 쓸 수 있습니다. 이는 시장 조사를 하면서 우리가 자주 범하는 오류라고 볼 수 있습니다. 예를 들어 보겠습니다. 요즘 서울의 강남지역을 다니다 보면 자주 보이는 게 전동 킥보드입니다. 전동 킥보드는 현재 공유 서비스로 운영되는데, 간단하게 스마트폰으로 예약하고 필요할 때마다 짧은 시간 빌려서 사용하는 서비스입니다. IT 관련 기업들이 많아 공유 서비스에 대해 거부감이 적고, 강남 지역이 오르막 내리막이 많은 동네라 짧은 거리라도 걸어갈 때 꽤 힘이 드는 길이 많습니다. 그런 이유 때문인지 다른 지역보다 전동 킥보드의 수요는 무척 많고 관련 서비스도 많이 진출해 있습니다.

자, 이제 우리는 대세를 좇아 똑같이 전동 킥보드 사업에 들어가고자 합니다. 그래서 시장 조사를 하기로 했습니다. 무엇을 제일 먼저 검토해야 할까요? 제품의 성능? 스마트폰 앱? 거리별로 위치한 간격? 이용 가격? 제품의 견고성? 제품의 디자인? 이 중 어떤 것들이 중요한 것일까요? 물론 어떤 물리적이거나 감성적인 요소들이 중요하지 않다는 것은 아닙니다. 이런 부분들도 모두 중요합니다. 하지만 이 서비스가 생겨나게 된 가장 본질적인 이유는 무엇일까요? 이 부분에 대해 집중적으로 고민해야 좀 더 본질적인 차별화된 서비스를 만들 수 있습니다.

우리가 시장 조사를 잘하기 위해 질문을 다양하게 설계하고 이를 소비자에게 물어보는 과정이 반복되다 보면 막상 조사의 본질을 잊고 비본질적인 부분에 집중하는 오류를 범하는 경우가 있습니다. 디자인을 조금 더 예쁘게 하고, 애플리케이션을 좀 더 편하게 하고, 제품을 좀 더 견고하게 하고, 물론 이런 부분도 중요하긴 합니다만 그것은 이 제품을 선택하는 본질적인 이유는 아니라고 봐야 합니다. 전동 킥보다 공유 서비스의 핵심은 무엇일까요? 사람들은 왜 이 서비스를 이용하는 것일까요? 이 부분에서 시작해야 **본질적인 차별화**가 가능합니다. 그 방향도 다양해질 수 있고요. 여러분도 전동 킥보드의 핵심이 뭔지 한번 생각해보시기 바랍니다.

그동안 차별화 방법을 고민하는 빠른 시장 조사를 할 때 어떤 점을 주의해야 하는지 얘기해 보았습니다. 정량 조사보다는 정성 조사가 유리하다고 말씀드렸고, 네 가지 중요한 포인트를 설명해 드렸습니다. 이 중에서도 제품 사용의 본질적 이유에 집중해야 한다는 것도 말씀드렸습니다. 그리고 **눈에 보이는 혹은 소비자가 느낄 수 있는 차별화 포인트**가 설계에 반영되어 있어야 소비자는 그 차이점을 알아차리고 반응할 수 있다고도 말씀드렸습니다.

경쟁사가 만든 제품이거나 혹은 내가 속한 카테고리에서 눈에 띄는 좋은 서비스와 브랜드의 출현이 있다면 그 차이점과 차별점을 분석해보세요. 지금까지 배운 조사 방법을 가지고서 말입니다. 따라 한다고만 비판적으로 생각하지 마세요. 잘 따라 하는 것도 엄청나게 중요합니다. 다만 똑같게만 베끼지 않으면 됩니다.

15

과거의 조사 결과에 얽매여선 안 된다

아무리 잘 진행된 시장 조사와 결과도 다시 한번 생각해 볼 필요가 있는 시대가 되었습니다. 왜냐하면 소비자의 인식이 너무나 빠르게 바뀌고 있기 때문입니다. 과거의 성공이 현재의 경험과 강점으로 연결되던 시대가 있었습니다. 하지만 그때는 세상이 느리게 변하던 때였습니다. 어쩌면 지금도 새로운 사업이나 비즈니스가 시장에 나올 때 과거를 기준으로 검토되고 시장에 나오는 경우가 있겠지요. 하지만 그런 비즈니스는 과거에도 이미 존재해왔던 소비자의 기본적인 욕구를 만족시키는 제품이나 서비스인 경우입니다. 예를 들어 새로운 쌀이 나온다고 할 때, 아무리 차별화를 강화한다고 하더라도 과거부터 있어 온 쌀이 가지고 있는 본원적인 형태나 본질적인 가치는 급격하게 바꾸기가 어렵습니다. 하지만, 지난 꼭지에서 말씀드렸던 전동 킥보드 공유 사업과 같은 경우에는 과거에는 없던 완전히 새로운 형태의 사업입니다. 이런 사업의 경우에는 과거의 관점으로 생각해 본다면 새로운 가치가 도무지 정의가 안 됩니다. 너무나 위험하고 건강에 좋지 않은 말도 안 되는 비즈니스일 수도 있기 때문입니다. (아니, 그 짧은 거리마저 탈 것을 이용한다고? 우리 아버님 어머님이 보시면 참 한심한 것들, 이라고 꾸중을 하실지도 모릅니다.)

여기서 한번 우리의 과거를 볼까요? 요즘 우리가 볼 때 편의점에서 생수를 사서 마시는 것은 너무 당연한 일이죠? 하지만 30년 전에는 그런 생각을 하는 것 자체가 말이 안 되던 시절이 있었습니다. 1989년의 신문 기사를 보면 이런 부분이 있습니다. "생수 국내판매 단속 키로, 주한 외국인 수출용만 허용" "수출 생수 시중에 팔아 서울시 6개 업체 고발" 그 당시만해도 생수 판매는 단속을 받거나 수출을 위해서도 허가를 받아야 할 정도로 생소한 개념이었습니다. 하지만, 과거에는 생각할 수도 없었던 인식이 지금은 당연한 일상적인 생각이 되었습니다. 약 10년 정도가 걸렸던 생각의 변화가 이제는 1년 혹은 2~3년이면 충분한 시대가 되었습니다. 이 같은 변화는 사실 특별한 기술에 의한 것도 있지만 결국엔 사람들의 마음이나 관점의 변화로 더 더욱 가속화된 측면이 있습니다. 최근에 화두가 되고 있는 디커플링(Decoupling, 탈동조화)이라는 개념도 이와 비슷합니다. 하버드 경영대학원의 테이셰이라 교수가 쓴『디커플링』이라는 책에서 나온 말인데, '시장 파괴의 주범은 신기술이 아닌 고객'이라는 주장은 우리가 무엇에 집중해야 하는지를 잘 알려주는 얘기입니다.

최근 시장에서 돌풍을 일으키고 있는 새벽 배송의 선두 주자 마켓 컬리를 보게 되면 소비자에게 어떤 부분이 필요했는지 파악하고, 그 부분에 대한 적절한 아이디어를 통해 사업을 급성장시킨 사례라고 할 수 있습니다. 마켓 컬리가 처음부터 엄청난 기술력을 확보했기 때문에 사업에 성공했다고 만은 볼 수 없습니다. 소비자에게 필요한 점이나 가려운 점을 적절하게 파악하고 그에 걸맞은 서비스를 만들어 냈기 때문에 사업에 성공할 수 있었습니다. 그렇다면 마켓 컬리가 성공한 것처럼 그 같은 기회를 찾아내기 위해서는 어떻게 해야 할까요? 기본적으로는 소비자의 트렌드를 읽어내는 습관이 필요합니다.

최근 소비자의 특징은 어떻게 변화하고 있을까요? 과거와 달리 최근의 소비자들은 개인 생활의 중시, 소확행, 진정한 가치 추구, 환경, 탈 브랜드화, 공동 경험의 신뢰 등이 경향성으로 나타나고 있습니다. 이런 트렌드를 볼 때 과거에 조사했던 소비자의 욕구 그리고 그 욕구를 활용한 제품의 성공 경험이 바뀐 트렌드에 적용될 수 있다고 말할 수 있을까요? 오히려 과거의 성공 경험이 새로운 사업을 막고 소비자의 진정한 변화를 찾지 못하게 만들 수 있다고 생각합니다. 최근 제가 목도하는 시장의 큰 트렌드는 대기업의 매스 마케팅과 소기업의 마이크로 마케팅이 공존하는 환경으로 변하고 있다는 점입니다. 즉, 과거에는 소기업이 대기업보다 제품과 브랜드에 대한 고지도 어렵고 소비자의 숨은 욕구를 찾아내기도 힘들었지만, 이제는 다양한 미디어의 발달로 그리고 모바일 생활이 확대되면서 소기업들도 소비자들을 만나고 의견을 나눌 수 있는 기회가 무척 많아졌다는 것입니다. 대기업에 비해 전문 인력의 부족으로 시장 조사의 정교함이 떨어질 뿐이지 시장 조사의 기회는 이제 동등하다고 볼 수 있습니다.

소비자를 이해하는 방식도 전통적인 시장 조사만으로 진행되는 시대도 아닙니다. 다음에 말씀드리겠지만 새로운 조사 방법이 계속 나오고 있고, 이를 활용해서 적은 노력으로도 소비자가 원하는 바를 캐치할 수 있는 기회들이 계속해서 열리고 있습니다. 즉, 소기업들도 얼마든지 대기업 수준의 시장 조사를 해낼 수 있는 시대입니다.

소비자는 과거의 그곳에 머물러 있지 않습니다. 언제나 변화하고 있고 움직이고 있습니다. 움직이는 소비자를 이해하는 가장 중요한 방법은 트렌드를 파악하고, 접점에서 트렌드의 실체를 확인하고, 트렌드의 단계별 가치를 소비자 입장에서 분석하는 것입니다. 소비자가 돈을 내는 이유는 과거와 현재가 다르게 계속해서 변화하고 있고, **새로운 가치를 제공받기 때문에 돈을 내는 것입니다.** 전동 킥보드 사업이라는 결과물로서의 실체도 살펴야 하겠지만, 그 전 단계인 소비자의 태도와 생활 습관 자체가 어떻게 바뀌었길래 전동 킥보드가 지금처럼 유행을 하고 있는 거야? 라는 질문도 던질 줄 알아야 한다는 것입니다. 과거의 소비자 조사는 변화하는 소비자의 이동에 대한 태도와 인식은 간과했을지도 모릅니다. 다시 말해서 분석하는 사람이 그 부분에 대해서 관심을 갖고 있지 않다면 소비자의 진짜 욕구와 소비자가 생각하는 불편한 점을 아무리 조사해도 찾아내기 어려웠을 것입니다. 그래서 과거의 조사와 성공 결과가 계속해서 사업의 성공을 만들어줄 수 있다고 말씀드리긴 어렵습니다.

　지금까지의 얘기가 '따라하기도 필요하다'고 했던 앞 꼭지와 배치되는 이야기라 이율배반적이라고 생각할 수도 있습니다. 하지만 따라하는 것과 과거를 부정하는(어쩌면 과거의 소비자를 부정하는) 것이 함께 공존할 수 있어야 변화하는 소비자에게 보다 적절하고 새로운 가치를 제공할 수 있습니다. "언제나 깨어 있어야 한다"라는 격언이 오늘따라 더 마음에 와 닿습니다.

16

나만의 '소비자 이해 노트'를 만들자

소비자가 어디로 가고 있는지, 어떻게 변화하고 있는지, 어디에서 와서 어디로 움직이고 있는지 이런 감각을 잃지 않기 위해 해야 하는 여러 가지 활동 중 가장 좋은 것은 나만의 '소비자 이해 노트'를 만들어 보는 것입니다.

소비자 조사라는 것이 다양해지고 관련 내용을 들어볼 기회도 많아지면서 꾸준하게 진행되는 시장 조사의 중요성에 대한 이해가 높아지고는 있습니다. 하지만 내가 만나는 고객, 내가 알고 싶어 하는 고객의 태도와 성향 선호가 어떻게 달라지는지 계속해서 자료를 축적하고 있어야만 어디에서 출발해 어디로 향

하는지를 알 수가 있습니다. 그래서 언제 어떤 조사를 했고, 그 내용과 결과는 무엇이며, 어떻게 해석하고 사용했는지 이 같은 정보를 일목요연하게 찾아볼 수 있도록 정리해 두는 것이 필요합니다. 물론 조사라는 게 언제나 조사 당시의 가설과 응답자의 특성 그리고 질문의 차이에 따라 과거의 결과를 참고할 수 없는 경우도 많이 있지만, 오랫동안 반복했던 소비자 조사 결과를 계속해서 축적하고 있었다면 새로운 조사를 하기 전에 이미 알고자 하는 시장의 인사이트를 바로 얻을 수도 있습니다. 사실 대기업의 경우에는 일반적으로 연도별, 주제별, 조사 방법별, 조사 주제별, 조사 자료별로 조사 실행에 썼던 설문지와 설문 결과 데이터 그리고 이 데이터를 분석한 결과와 그 보고서 내용을 잘 쌓아놓고 있습니다. 이렇게 축적된 자료들은 향후 진행되는 조사 기획에 참고로 활용되기도 하고 또 과거의 자료에 누적해서 데이터를 추가, 보완하기도 합니다. 하지만 이런 시스템적 지원을 하지 않더라도 나만의 조사 자료를 만들고 축적하는 것은 무척 중요한 일입니다. 물론, 이 말은 과거의 데이터를 그대로 신뢰하자는 것을 전제하는 것은 아닙니다. 과거를 알면 미래를 예측하기 쉽다는 말, 아시죠? 변화하는 소비자의 마음을 읽기 위해선 소비자의 과거를 잘 알아두면 한결 낫다는 뜻입니다.

자료는 우선 컴퓨터에 연도, 프로젝트, 설문지, 데이터, 분석 결과, 분석 요약의 형태로 정리해두면 좋습니다. 하지만 이렇게

1차로 로우 데이터(Raw Data)로 정리한 자료를 폴더 별로 매번 눌러서 확인하는 일은 생각보다 여간 귀찮은 일이 아닙니다. 어떤 조사를 어떻게 했는지 가물가물해질 때쯤이면 모든 폴더마다 일일이 클릭해 들어가서 살펴보기 전까지는 자료 활용 자체가 불가능합니다. 바로 이럴 때 나만의 조사 결과 노트가 빛을 발하게 됩니다. 노트 만들기는 주제별로 그리고 그 주제에 따른 조사 형태별로 구분하고, 그 조사 형태에 따른 결과를 간략하게 요약해서 보유하는 것을 권장합니다. 이 조사 결과 노트에는 조사 개요와 함께 고객 특징 결과에 대한 요약과 이로부터 얻은 시사점을 담아서 노트 형태로 갖고 있는 것이 중요합니다. 사실 자기 손 근처에 있다면 언제든지 살펴볼 수 있지만, 컴퓨터를 켜고 또 파일 폴더를 찾아서 봐야 하는 게 여간 귀찮은 게 아니기 때문에 노트를 이용하는 것만큼 편리한 것도 없습니다. 아래에 간략하게 제가 정리해서 사용하고 있는 노트를 샘플로 보여드리도록 하겠습니다.

소비자 조사 노트 사례

1) 조사 일시 : 201*년 *월 *1일

2) 조사 목적 : 신제품 A의 개발을 위한 1차 디자인 A/B/C에 대해 소비자 선호도 및 개선요소를 측정하였고 2차 조사를 실시하여 최종 의사 결정을 진행

3) 조사 대상 : 타깃 연령대(주부 30대)

4) 조사 인원 : 디자인 별 선호도 분석 위해 대안 별 최소 32명(32명 x 3개 = 총 96명 이상) 질문

5) 조사 항목 : 디자인 선호도 평가 항목(5점 척도 평가)

[제품 설명]

다음은 천연 추출물로만 만들어진 A제품의 디자인입니다.

① 제품 설명과 잘 어울린다. (전혀 아니다 1점 / 보통이다 3점 / 매우 그렇다 5점)

② 참신한 디자인이다. (전혀 아니다 1점 / 보통이다 3점 / 매우 그렇다 5점)

③ 세련됐다. (전혀 아니다 1점 / 보통이다 3점 / 매우 그렇다 5점)

④ 나와 잘 어울린다. (전혀 아니다 1점 / 보통이다 3점 / 매우 그렇다 5점)

⑤ 눈에 잘 보인다. (전혀 아니다 1점 / 보통이다 3점 / 매우 그렇다 5점)

⑥ 고급스러워 보인다. (전혀 아니다 1점 / 보통이다 3점 / 매우 그렇다 5점)

⑦ 다른 사람에게 선물하고 싶다. (전혀 아니다 1점 / 보통이다 3점 / 매우 그렇다 5점)

⑧ 구매하고 싶다. (전혀 아니다 1점 / 보통이다 3점 / 매우 그렇다 5점)

6) 분석 방법 : 각 디자인별로 각 평균값을 비교해서 가장 선호되는 디자인을 고르기 위한 분석 방법으로 Anova - test 실시(신뢰 수준 95%)

7) 분석 결과 : 디자인 A안의 구매 의향이 통계적으로 유의하게 높게 나타나서 최종안으로 선택 (A안 전체 평균 : 4.3(1차 Test 대비 + 0.5개선), B안 3.8(+0.2), C안 3.7(+0.6))

8) 보고서 : A안이 최종 선호되어 A안을 최종 선정하고 개발 보고서 작성

이처럼 노트 작성을 한 후에는 1차 보고 결과와 함께 2차 보고서 그리고 설문지 파일링(묶음/서류철)(컴퓨터 폴더에는 데이터도 포함)을 보관해 둡니다. 이처럼 자료를 구조화해서 모을 수 있다면 더욱더 좋겠지만 시스템 도움 없이 간단히 스프링 파일을 만들어도 충분히 사용할 수 있습니다. 실제로 얼마 전까지 이런 형태로 기업에서도 사용하고 있었으니까요. 중요한 것은 내가 **얼마나 쉽게 활용할 수 있도록 자료를 구축하고 보관하느냐입니다.**

한가지 더 말씀드린다면 조사 유형이 같은 거라면 그 위치를 연속해서 파일링 하는 것이 다음에 유사한 조사를 할 때 참고하기 쉬운 자료가 될 뿐만 아니라 누적적인 경향을 보기에도 좋습니다. 요약 내용을 연속해서 누적 자료 형태로 만들어 두면

활용도가 훨씬 높아집니다. 개인적으로 편하게 구조를 만들어
보고 나름의 소비자 조사의 백과사전으로 만들어서 필요할 때
마다 활용할 수 있게 하면 좋겠습니다.

17

모바일로 시장 조사 해보기

지금까지는 개별적으로 직접 설문지를 만들고, 그 결과를 분석하는 방법, 그리고 결과를 해석하는 방법을 알려드렸습니다. 계속 말씀드리지만, 이렇게 조사를 진행하는 것이 생각보다 쉽지 않습니다.

많은 수의 데이터를 한 번에 처리해야 한다거나(100명을 넘게) 빨리 진행해야 하는 경우가 있습니다. 보통은 시장 조사를 할 때 조사의 기획과 실행을 나누는 것이 일반적입니다만, 소규모 단위의 조사를 진행한다면 "조사에 필요한 기획과 설문지 정도만 만들어주면 실제 사람을 만나 물어보거나 최종 자료를 정리해주는 일은 누가 대신해주면 좋겠다." 이런 고민이 생기기도 합니다. 업계에서는 이런 일을 해주는 곳을 '실사 회사'라고 합니다. 실사 회사는 만들어진 설문지를 기준으로 응답자를 찾아서 질문을 하고 그 질문에 대한 응답을 데이터로 만들어서 전달해 주는 역할을 하는 곳입니다. 물론 데이터에 대한 해석과 분석은 의뢰인이 우리가 직접 해야 합니다. 그럼에도 이렇게 조사 대행 정도만이라도 누군가에게 위탁할 수 있다면 훨씬 저렴한 비용으로 빠른 속도로 시장 조사를 해볼 수 있습니다. 생각보다 이런 실사 회사가 다양하게 있습니다. 검색을 한번 해보시면 금방 알 수 있습니다.

앞서 조사 방법을 이야기하면서 면접 조사, 온라인 조사, 전화 조사, 그리고 우편 조사를 언급했습니다. 이중 우편 조사는 이제 호랑이 담배 피우던 시절 이야기가 되었고, 2000년 이후부터는 온라인 조사가 주력으로 떠오르고 있습니다. 얼굴을 직접 맞대고 하는 A&U Test(Attitude & Usage Test : 태도 및 사용실태 조사) 같은 경우도 온라인으로 조사가 가능한지에 대해서 한때 많은 논란이 있었습니다. 물론 지금은 온라인으로 진행하는 조사나 얼굴을 맞대고 면접원이 직접 조사하는 것이나 결과에는 큰 차이는 없다는 것이 중론입니다. 그렇다 보니 온라인 조사 수요는 계속해서 늘어나고 있습니다. 온라인 조사가 대중화되면서 한편으로는 조사 비용이 계속 낮아지는 결과를 낳았습니다. 과거에도 소비자 조사 진행 비용이 외국에 비해 높은 편은 아니었지만, 온라인 조사가 대중화되면서 1인당 조사 비용은 더욱 낮아졌습니다. 국내에서 진행하는 소비자 조사 비용은 해외에서 진행하는 소비자 조사 비용의 40% 수준 정도밖에 안 됩니다. 어쨌거나 소비자에 대한 이해를 위해 본인이 직접 조사를 기획하고 사람을 돌아다니면서 만날 필요는 없다는 점에서 데이터만 모아주는 실사 회사를 활용해보는 것은 좋은 방법입니다.

온라인 조사가 활성화된 것처럼 요즘은 모바일을 통한 조사도 활성화되고 있습니다. 전 국민이 스마트폰을 가지고 있다 보니 모바일 기기를 통해 빠르게 접속해서 설문지에 체크하면 답변도 재빨리 취합되는 등, 속도를 중시하는 조사나 핸드폰 사용에 익숙한 연령층을 대상으로 하는 조사에서는 유용하게 활용할 수 있는 방법입니다. 최근에는 이런 트렌드를 반영해 모바일 조사에 특화된 서비스를 제공하는 조사 기업들도 늘어나고 있습니다. 모바일을 통한 시장 조사는 아직 교과서에 등장하는 방법은 아닙니다. 하지만 모바일 조사도 처음 온라인 조사가 생겨났을 때와 마찬가지로 약간의 제약이 있지만 조사 결과에 있어서는 별 차이가 없는 것으로 업계에서는 이야기되고 있습니다. 그리고 모바일 조사는 온라인 조사보다 더 빠르고 저렴하게 진행할 수 있다는 장점을 가지고 있습니다.

현재 시장에서 열심히 활동하고 있는 모바일 조사 기업 중

한 곳을 설명하자면 이곳은 설문지 작성을 요청할 수도 있고, 직접 설문지 작성을 조사 당사자가 할 수도 있습니다. 설문지 만드는 편집을 매우 쉽게 할 수 있도록 도와주고 질문이나 보기를 넣고 빼고 하는 일련의 과정을 무척 편리하게 해줍니다. 약간의 서식 제공도 있고요. 그리고 조사 타깃을 설정하면 조사 업체에서 확보된 패널 중 타깃에 맞는 대상자를 선정해 조사를 실행하고 데이터를 모아, 조사 결과를 다운로드 할 수 있게도 해줍니다. 이렇게 조사된 데이터를 분석해서 직접 보고서를 만드는 것은 조사를 의뢰한 당사자가 진행하면 됩니다. 한마디로 밖으로 나가서 사람들을 만나고 조사된 결과를 숫자로 정리하는 수고를 덜어주는 업체라 할 수 있습니다. 조사 비용도 상대적으로 저렴합니다. (조사 모수에 따라 가격이 달라지긴 하지만, 최소 10만 원 내외로 시작 할 수 있습니다.) 간단한 질문이 많은 조사의 경우에는 온라인 조사보다 좀 더 효율적으로 활용할 수 있는 조사 방법이라는 생각이 듭니다.

앞서 우리가 함께 살펴보았던 조사의 기본과 방법 그리고 분석의 안목을 가지고 이 조사 방식을 활용한다면 내가 직접 하는 간이 시장 조사만큼이나 **저렴하고 빠르게 소비자의 트렌드를 읽을 수 있는 방법**이 될 수 있습니다. 조사 방법이 쉽고 간편해지는 만큼 결과에 대한 조사자의 책임도 중요해지는데요, 내가 조사의 목적을 명확히 하지 못하고, 설문지 구성과 같은 기본적인 콘텐츠 구성을 정확히 하지 못한다면 결국 조사 결과는 엉터리가 될 확률이 높아집니다. 즉, 이제는 누구나 마음만 먹으면 이전보다 훨씬 쉽게 조사를 할 수 있는 만큼 좋은 도구를 사용하는 공부도 충분히 해야 한다는 뜻입니다.

시장 조사 혹은 소비자 조사는 목적이 아닌 수단입니다. 그래서 편리하고, 빠르고, 게다가 저렴하기까지 한 시장 조사 도구가 있다면 사용하지 않을 이유가 없습니다. 목적에 맞도록 적절한 도구를 잘 골라서 사용한다면 시장 조사가 훨씬 간단해질 수 있습니다. 대신 우리는 조사 내용을 기획하고 분석하는 본질적 업무에 좀 더 집중해야 합니다.

부록. 시장 조사 연습 총괄

4부 응용 편의 마지막으로 그동안 알려드렸던 내용들을 한 번 정리해 보고자 합니다. 예를 들어 설명하겠습니다.

1) 조사 목적 : 신제품 컨셉/구매 가능성/시장 크기 조사
2) 조사 결과
   ① 신제품 컨셉에 대한 선호도와 개선 사항
   ② 예상 매출 설정(판매 수량)
3) 조사 기간 : 2주
4) 조사 방법 : 간이 조사(조사 비용 50만원)

만약 위와 같은 내용으로 조사를 진행하고 결과를 보고하라는 지시가 내려온다면 어떤 항목들을 어떤 순서대로 진행하면 좋을까요? 한번 머릿속으로 생각해 보세요. 머릿속으로 정리한 순서가 뒤에서 제가 알려드리는 조사 과정과 비슷하다고 한다면 여러분은 이제 혼자서도 조사를 진행할 수 있는 준비가 되신 겁니다. 반대로 혹시 생각한 내용과 달라도 너무 실망하지는 마세요. 시장 조사도 훈련이고 습관처럼 계속해봐야 정답에 가까

워지니까요. 그럼, 확인해 볼까요? 처음에 무엇을 해야 할까요?

1) 타깃을 명확히 한다 : 연령/성별/Needs 등으로 구분합니다.

2) 컨셉을 명확히 한다 : 두 줄로 설명할 수 있도록 만들고, 가격을 제시할 수 있도록 준비합니다. 가격 제시 전/후를 평가할 수 있게 준비합니다.

3) 가설을 세운다 : 타깃과 컨셉을 중심으로 소비자의 컨셉에 대한 평가 반응과 가격 수용 정도를 예상합니다.

4) FGI를 진행한다 : 앞서 배웠던 FGI 가이드를 활용하여 소비자에게 컨셉에 대한 선호/비선호 이유, Needs에 대한 탐색, 가격에 대한 수용도 등을 탐색합니다. 그런 다음 정량 조사로 확인할 컨셉과 가격에 대한 최종 확정을 진행합니다.

5) FGI를 진행한 결과를 가지고 정량 조사를 진행한다 : 정량 조사에서는 소비자 컨셉에 대한 선호, 구매 의향, 가격 수용도, 개선 사항, 니즈의 강도, 사용 행태 등에 대하여 물어보고 이를 데이터화 합니다. 이제 엑셀을 통해서 빈도 분석과 분산 분석, T-test 등을 진행합니다. 컨셉이 어느 정도 수용되는지, 얼마나 구매를 하고자 하는지, 개선점은 무엇인지 등을 정량적으로 정리합니다. 이렇게 진행

하는 정량 조사는 설문지를 통해서 직접 개인 대 개인으로 만나서 물어보는 방법도 있고, 모바일을 통해서 진행하는 것도 가능합니다.

6) 데이터 분석 결과를 살펴본다 : 구매 의향을 파악하여 시장 사이즈를 추정할 수 있습니다. 그러나 이 방법은 기본적으로 여러 차례 시장 조사와 이를 바탕으로 한 실제 구매 여부 추적 값을 가지고 Norm을 만들어 두어야 정확성이 높아집니다. 예를 들면, 가망 표적 시장에서의 인지도가 100%라고 가정하고(만약 20대 여성 고객을 대상으로 하는 제품일 경우 100% 인지도면 200만 명을 기준으로, 제품에 대한 인지도가 10%라면 20만 명을 기준으로), 소비자 조사 결과에서 '반드시 구매한다'는 응답률에 x 30%, '구매한다'는 응답률에 x 20%, '보통이다' 응답률에 x 10%, '구매하지 않는다'는 응답률에 x 3%, '절대로 구매하지 않는다' 응답률에 x 1%를 곱한 후 이를 모두 더해서 20만명에 곱하게 되면 총 구매 가능 시장 규모가 추정됩니다. 물론 제품군에 따라 곱하게 되는 선호도 비율은 조금씩 달라질 수 있습니다. (사후 추적 조사를 통해서 구매한다고 응답한 사람이 실제로 얼마나 구매했는지를 파악하는 조사가 필요합니다.) 그리고 이렇게 추정된 시장은 인지도가 낮은(5% 수준의 인지) 신제품의 경우 실제 시장보다 2배~3배 커지는 경향이 있기

때문에 100%로 추출한 값에 50% 내지 30%만을 예상 시장으로 추정합니다.

7) 가설과 결과를 비교한다 : 이렇게 추정된 시장 규모를 조사하기 전에 세웠던 가설과 비교해 봅니다. 이렇게 하면 처음에 설정한 내용과 조사 결과 값의 차이를 통해서 좀 더 정확한 소비자 행동을 예상할 수 있고, 시장에 대한 이해의 폭을 넓힐 수 있습니다.

5부. 전달

18

조사 보고는 간략하게 두괄식으로

조사를 기획하고 실행하는 방법에 대해서 지금까지 말씀드렸는데 이번 꼭지부터는 조사 내용을 어떻게 잘 보고할지, 동료들과는 어떻게 잘 공유 할지에 대해 말씀드리겠습니다.

우리가 현재까지 연습해온 것은 간단하게 나마 직접 진행하는 시장 조사였습니다. 어떻게 하면 시장과 소비자에 대한 이해를 스스로 높일 수 있는지 그리고 조사의 정확성을 높이기 위해 어떤 것을 주의해야 하는지 말씀드렸습니다. 이제 남은 일은 조사 결과를 잘 전달하는 것입니다. 애써 조사한 내용을 제대로 전달하지 못하면 결과물을 써먹지 못하는 것도 있지만 조사 결과를 왜곡하는 실수를 범하기도 합니다. 그래서 정확한 보고서 작성은 매우 중요한 일이 됩니다.

만약 내가 조사하고, 나 혼자서만 알면 되는 과제나 프로젝트라면 보고 방법에 대해서 고민할 필요가 없습니다. 이런 경우에는 앞서 말씀드린 대로 조사 결과에 대한 데이터 정리나 소비자 이해 노트 작성 등으로 축적을 잘 해두는 게 우선입니다. 아니, 이런 경우에도 스스로 정리한다는 차원에서 격식 있는 보고서를 작성해보는 걸 추천합니다. 그러니 조직의 일원으로서, 마케팅 담당자로서 혹은 상품 개발 담당자로서 시장 조사에 대한 보고서 작성은 필수 중의 필수입니다.

보통 조사를 전문적으로 하는 회사(리서치 회사)에서 만드는 보고서는 단일 주제라 하더라도 수십 페이지의 파워포인트로 만드는 것이 보통입니다. 조사의 목적과 기획, 조사 방법 그리고 샘플의 선정 등 많은 전제와 조사의 과정을 기술합니다. 이 부분이 잘못되었다고 이야기하는 것은 아닙니다. 당연히 그렇게 작성해야 합니다. 하지만 우리는 그렇게 조사 결과를 보고할 이유는 없습니다. 오히려 내부 소통을 위해서는 간략하고 명료하게 조사 결과를 보고 하는 것이 더욱 중요합니다. **"무엇을 알고 싶었고 그래서 어떻게 조사를 했고 결과적으로 어떤 결과가 나와서 이렇게 결론을 내렸다."** 그리고 여기에 **"앞으로 이렇게 진행하겠다"**라는 내용까지 추가로 넣어준다면 전문성과 실용성을 잘 갖춘 보고서가 됩니다. 특히 상사나 누군가로부터 조사 지시를 받고 진행한 조사라면 보고서에 알고 싶어 했던 부분을 중심으로 "이렇게 결과가 나왔습니다"가 핵심적으로 잘 드러나야 합니다. 당연히 그 부분에 집중해서 보고서 작성을 하는 거고요. 하지만 간혹 조사를 통해 알게 된 시시콜콜한 내용 전부를 마치 내가 조사를 성실히 했다는 걸 티내기 위해 여기저기 포함시켜서 조사의 본래 목적과 결과를 흐리게 하는 보고서도 있습니다. 이렇게 하면 바로 불려갑니다.

다음은 내부에서 진행한 간이 조사의 보고서 작성 사례입니다. (뒷 페이지를 봐주세요.) 이 보고서가 아주 작성이 잘되었다는 이야기를 하려고 보여 드리는 것은 아닙니다. 일반적으로 이런 식으로 간이 조사 보고서를 작성한다고 말씀드리려는 것입니다. 조사를 지시하셨던 분 입장에서는 "제품에서 스푼을 제외하는 것이 현장에서 어려움을 만들고 있고, 그래서 비용이 더 발생하고 있고, 결과적으로 스푼을 다시 넣자"라는 조사 결과를 한번에 알 수 있습니다. 그리고 그 뒤에 조사 결과를 뒷받침할 수 있는 데이터가 붙어 있어서 앞부분만 읽어 보거나 아니면 좀 더 깊이 있게 읽어 보려는 두 가지 욕구 모두를 만족시키는 보고서입니다.

수많은 보고서를 읽어야 하는 높은 직급에 계신 분들의 경우 실제로 보고서를 작성하는 분들처럼 깊이 있게 세부적으로

스푼 지급현황 조사결과보고

1. 조사대상 :면세점 SM대상 (29명)
2. 조사기간 : 5월 6일 ~ 5월 9일
3. 조사배경 : 포함되었던 스푼제공을 중단한 판매중인 제품에 대한 소비자 반응 및 대응방안
4. 조사결과 : 스푼 제공 중단에 대한 불만이 높으며 현장에서의 추가증정 업무 발생으로
   현 시점부로 포장 내 스푼제공을 재개 하는 것이 타당하다고 판단됨.
5. 조사결과 요약
   문1) 구매 고객 10명중 몇 분이 스푼을 현재 수령해 가고 계십니까?

   평균 9.83명

8명	9명	9.5명	10명	총계
1	3	1	23	28

   문2) 스푼을 수령하시는 고객분들이 평균적으로 몇 개를 요구하시나요?

   평균 1.6개

1개	1~2개	2개	2~3개	총합계
5	15	5	3	28

   문3) 개별 스푼증정시 고객들의 반응은 어떠신가요?

   평균 2.36

아주나쁘다	나쁘다	보통이다	총합계
2	14	12	28

   ★ 필요하신 것이 당연한데 따로 요구해야하므로 불편하시다는 반응
   ★ 예전엔 당연히 주던것을 안준다는 부정적 반응.
   ★ 야박하다고 생각하시는 분들이 많으심. 홍삼정 가격도 올랐는데
     스푼을 당연히 받아가시려고 하고 더 달라고 하시는 분들도 계셨습니다
   ★ 홍삼정을 여러 개 구매하셔도제품수량만큼 원하심

   문4) 개별 스푼증정이 총 스푼제공량을 줄일 수 있다고 생각하십니까?

   평균 1.64

전혀아니다	아니다	보통이다	총합계
11	16	1	28

   ★ 대부분의 고객은 오히려 더 요구하심
   ★ 스푼을 별도 지급이라하면 더 달라하시는 고객이 더 많음
   ★ 별도 지급으로 인해, 한병당 1개만 드리면 될것을 2~3개씩 요구
   ★ 일회용스푼으로 생각하시는 고객님들이 많아 오히려 더 많이요구
   ★ 같이 오시는 분들도 본인들 것도 챙겨달라고 요구함

4. 결론
   ★ 현재 고객의 행태를 기준으로 볼 때 면세점용 제품에 스푼을 포함 시키는
     것이 고객과 당사 SM의 입장에서 보다 합리적이라고 판단됨

그림 – 조사 보고서 작성 사례

섬세하게 읽어내기가 어려운 경우가 대부분입니다. 그래서 그냥 "결론이 뭐야?"라고 물어보고, 이에 맞는 답을 재빨리 해주길 원하는 분들이 많습니다. 그래서 보고서는 가능하면 "궁금한 질문에 대해 조사했더니 결론이 이렇게 나왔다"고 두괄식으로 보고하는 게 가장 좋은 보고입니다.

그리고 한가지 더 중요한 것을 말씀드리겠습니다. 간혹 사소한 것이라고 생각하고는 빼먹는 경우가 많은데 반드시 조사 결과를 보고할 때는 조사에 사용된 기본적인 가정과 전제 조건을 반드시 표기해야 합니다. 요즘 방송 같은 데에서 설문 조사 결과를 발표할 때 "총 몇 명을 어떤 방식으로 조사했고, 이 조사는 신뢰 수준 몇 퍼센트, 오차 범위 얼마입니다." 이런 얘기를 들어보신 적 있을 겁니다. 사람들이 알아듣고, 알아듣지 못하고를 떠나 특정 자료의 전제 조건으로 반드시 이를 밝혀야 하는 것은 일말의 오해도 만들지 않기 위한 조사의 기본 조건이 되기 때문입니다. 회사에서는 의사 결정자의 오판이나 분석자의 오판을 막기 위해서라도 꼭 필요한 내용입니다. 그런데 어떤 보고서를 보면 그런 전제 조건들을 모두 뺀 채 결과 값만 보고 하는 경우가 있습니다. 이건 한마디로 기본이 안 된 보고서라고 밖에 볼 수 없습니다. 아마도 보고서를 작성한 분이 의도적으로 그렇게 하진 않으셨을 겁니다. 그런 것들을 명기해도 이해하는 사람이 없다고 생각해서 빼지 않았나 싶습니다.

다시 한번 강조하지만 조사 결과를 보고할 때는 언제나 객관적인 통계의 가정과 조사 기준을 함께 명기하고 이야기해 주어야 합니다. 다음의 결과를 한번 보세요. 다음은 어떤 회사에서 새롭게 출시하고자 하는 디자인 안을 조사한 결과입니다. 자 여러분은 이 조사 결과를 보고 어떻게 보고할 수 있을까요?

디자인 B안이 디자인 A안보다 더 많이 선호되었다고 설명하고 우리 제품의 디자인을 B안으로 선택하면 좋을 것이라고 말할 수 있을까요?

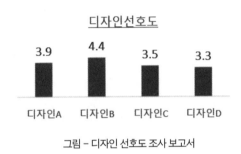

그림 – 디자인 선호도 조사 보고서

조사 결과를 이렇게 정리하면 디자인 A와 디자인 B는 통계적으로 유의미한 차이가 있다고 판단하기가 어려울 수 있습니다. 즉, A와 B 사이에는 변별력이 없을 수도 있다는 얘기입니다.

디자인의 선호도를 표시할 때에는 유의 수준과 조사한 사람의 수 그리고 디자인 A와 B의 차이가 통계적으로 유의한지 여부를 함께 표시해 주어야 판단에 착오가 생기지 않습니다. 연령

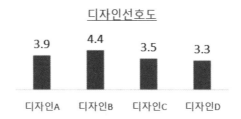

디자인선호도

21년 7월, 면세점, N=30(디자인별), Anova Test P<0.05

그림 – 조사한 사람의 수, 유의 수준 등이 모두 표기된 조사 보고서

대별/성별로 세부적인 분석과 함께 유의 수준과 조사한 사람의 수 그리고 T-test의 결과 값, 혹은 Anova-test의 결과 값을 함께 표시하고 이야기를 해야 의사 결정을 하는데 있어서 최고 책임 자가 실수를 범하지 않게 됩니다.

19

메시지가 드러나는 보고서 정리

제가 함께 일하는 분이나 혹은 학교에서 강의할 때 많이 강조하는 것은 보고서를 작성할 때 내가 아니라 **보고를 받는 사람의 입장에서 보고서를 작성해야 한다**는 부분입니다. 기본적으로 보고서는 그 내용을 잘 알고 있는 사람이 내부 정리를 한다는 차원에서 작성하는 것일 수도 있지만, 그 반대로 잘 모르는 분이 이 보고서를 통해 상황을 이해하도록 고려해서 작성되는 경우도 있습니다. 이때 "이 정도는 알겠지!"라고 절대 속단을 해서는 안 됩니다. 중학생이 읽어도 이해가 될 수 있도록 간결하고, 명확하게 보고서를 작성해야 합니다. 어려운 단어나 약어, 업계에 통용되는 관용어 등에 대해서도 반드시 주석을 잘 달아 주는 게 좋습니다. 보고서를 쓰는 사람과 내 주변 동료들은 알지만, 보고를 받는 최종 의사 결정자 입장에서는 무슨 소리인지 모를 수 있기 때문입니다. 그리고 여기에 하나 더 팁을 드리자면 다음과 같습니다.

표와 그래프를 많이 활용하라는 것입니다. 표와 그래프 없이 텍스트 위주로만 보고서를 작성하게 되면 복잡한 내용일 경우 상대방이 쉽게 이해하지를 못합니다. 물론 표와 그래프 사용에도 적당한 수준이라는 것이 있습니다. (너무 많은 표와 그래프는 익숙하지 않은 사람에게는 오히려 해석의 어려움과 두려움을 주기도 합니다.) 항상 '적당히'가 가장 어렵죠. 우리가 가지고 있는 잠재의식 시스템은 눈(시각)을 통해 더 폭넓은 정보를 처리하도록 되어 있습니다. 데이터를 시각화하는 것은 데이터 자체가 가지고 있는 의미를 직관적으로 이해할 수 있게 도와 주는 역할을 합니다. 시각화된 데이터는 눈과 뇌를 이용해 이미지 속성을 처리하는데 시간을 줄여줍니다. 색상, 형태, 움직임, 공간적 포지셔닝의 네 가지 구성 요소를 잘 적용하게 되면 메시지를 보다 짧은 시간에 간결하고 명료하게 전달할 수도 있습니다.

잠깐 예시를 들어볼까요? 앞서 예로 보여드렸던 조사 보고서에서 살펴보았던 면세점 조사 자료입니다.

Q) 구매 고객 10명 중 몇 분의 고객이 스푼을 달라고 요청

하나요?

A) 8명 − 1 / 9명 − 3 / 9.5명 − 1 / 10명 − 23

이렇게 보면 '고객 10명 중 8명이 스푼을 달라고 한다'고 응답한 면세점이 한 곳이란 뜻인데, 이걸 텍스트로 풀면 헷갈릴 수가 있습니다. 그래서 이런 경우 표를 만들어 보고서에 넣는 게 좋습니다.

1) 구매 고객 10명 중 몇 분이 스푼을 현재 수령해 가고 계십니까?

평균 9.83명

8명	9명	9.5명	10명	총계
1	3	1	23	28

그림 − 28개 면세점 중, 고객 10명 중 평균 몇 명이 스푼을 수령하는지 표로 정리

이 정도의 표만으로도 충분할 수 있습니다. 하지만 이렇게 그래프로 그리게 되면 무엇이 중요하고, 그 차이가 어떤지가 좀 더 분명해집니다.

10명 중 몇 명이 스푼을 요구하는가요?

N=28, 면세점 판매사원, 최근 1개월 기준

그림 − 28개 면세점 중, 고객 10명 중 평균 몇 명이 스푼을 수령하는지 막대 그래프로 정리

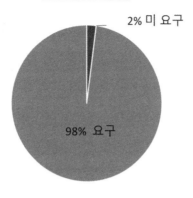

추가스푼 요구비율

2% 미 요구

98% 요구

28개 면세점 별 구매 고객 10명씩,
전체 280명 중 스푼을 수령해간 고객 274명을 원형 그래프 정리

이 그래프를 보게 되면 표로 작성되었을 때보다도 더 조사 결과가 명확히 보인다고 할 수 있습니다. 그래프의 내용을 사람 수로 표시하는 방법도 있지만 %로 표시하는 방법도 있습니다. "전체 중에서 몇 %가 별도로 스푼을 요구하는가?" 어떤 경우는 숫자보다 %가 더 쉽게 의미를 전달할 수도 있습니다. 위 그래프를 %로 그린다면 다음과 같이 그릴 수 있습니다.

어떤가요? 어떤 것이 더 고객 10명 중 10명 전원이 스푼을 요구한다는 메시지가 더 효과적으로 전달되고 있는 걸로 보이나요? 보는 사람 입장에 따라서는 원그래프가 더 많다고 느껴집니다. 왜 그럴까요? 일반적으로 90%를 넘기게 되면 거의 대부분이라는 느낌이 강하기 때문입니다.

이처럼 데이터를 정리하고 보고하는 과정에서 보고서 작성자의 의견과 방향이 은연중에 개입될 수밖에 없기 때문에 작성자의 태도와 입장이 무척 중요합니다. 어떻게 작성하느냐에 따라 같은 조사 결과 값이지만 문제의 심각성이 드러나기도 감춰지기도 합니다. 물론 여러분이 조사 결과를 혹시 왜곡할지 몰라 이런 이야기를 길게 하는 것은 아닙니다. 다만 보고서 작성에는 메시지의 정확한 전달과 더불어 방향성이 나타날 수밖에 없기 때문에 데이터 해석을 잘해야 하고, 보고 자리에서도 적절하게 표현해야 함을 강조 드리기 위함입니다.

20

위트 있는 전달은 화룡점정

강의와 수업을 진행하다 보면 간혹 멍을 때리고 있거나, 눈이 풀리거나 심지어는 졸고 있는 분들도 있습니다. 사실 강의나 보고가 가장 수동적이고 비효율적인 전달 방식이라는 비판이 있습니다. 스스로 능동적으로 이해하고 내 것으로 만들어나가는 과정은 아니니까요.

시장 조사 보고도 마찬가지입니다. 조사가 잘 기획되고 분석되고 보고서까지 차트와 표로 집중할 부분을 명확하게 정리했는데 마지막 전달 단계에서 너무 딱딱하거나 너무 전문적인 내용만으로 보고가 이루어진다면 아쉽게도 시장 조사 결과를 청

취하는 입장에서는 집중이 안 될 가능성이 높고, 반드시 전달해야 할 내용이 빠진 채 그냥 넘어가는 경우도 생길 수 있습니다. 그래서 농담이 허용되지 않을 것 같은 보고를 제외하고는 중요 포인트마다 약간의 위트와 숨을 고를 수 있는 장치를 만들어 두는 걸 권합니다. 물론 그런 장치는 발표를 할 때 필요하면 활용하고, 필요 없으면 그냥 넘어가면 되니 예비로 한 두 개 정도만 만들어 두면 많은 사람들이 관심을 유지하도록 주의를 모으는 데 도움이 될 수 있습니다.

보고할 때 명료한 목소리와 자신감 있는 태도도 중요합니다만 유머가 중요한 이유를 한 가지만 더 말씀드리겠습니다. 어려운 보고, 불편한 보고를 살짝 유머와 함께 전달할 수 있는 보고라면 최고의 보고가 될 수 있습니다. 사실 재미있는 보고와 훌륭한 프레젠테이션은 연습이 필요합니다. 사람들이 정말 잘 들었다고, 말씀 너무 재미있게 하신다고 말하는 경우가 있습니다. 선천적으로 이야기를 잘한다기 보다는 준비와 연습을 통해 만든 결과물입니다. 전체적으로 긴장감을 유지하면서도 간간이 유머 포인트가 섞여 있는 보고는 어느 타이밍에서 어떻게 이야기하고, 이런 반응에선 어떻게 말하고 이런 것들을 미리 다 고려해둡니다. 다른 사람이 부족해서 이해를 못 하는 것이 아니라 내가 부족해서 듣는 사람을 설득하지 못한다는 점을 잊지 마세요.

마케팅을 하건, 조사를 하건, 어떤 일을 하건, 가장 중요한 것은 사람들에게 자신의 이야기를 이해시키는 것입니다. 앞서서 말씀드렸던 바와 같이 조사를 통해서 어떤 의견을 제시하고, 자신이 궁금했던 바를 다른 사람에게 어떻게 피력할지를 알기 위해 이 책을 보고 있다고 생각합니다. 전문 조사 기관에서는 정확하고 오류 없는 조사를 하는 것에 방향이 맞춰져 있겠지만 일반적인 마케터의 경우에는 정확하게 의사를 전달하고 내가 원하는 바를 관철시키고 실행하기 위해 시장 조사를 합니다. 이처럼 내가 원하는 바를 사람들에게 좀 더 잘 집중시키고, 잘 이해하도록 돕는 것이 바로 위트 있는 전달입니다.

위트 있는 전달이 중요하다고 말씀드리면서 생각해보니, 여전히 우리 주변에는 비논리적이고 비이성적인 영역이 많다는 생각이 듭니다. 위트도 어쩌면 그런 영역에 속하는 것 같기도 합니다. 시장 조사라는 것도 그런 점에서 보면 완벽할 순 없다고 봅니다. 시장 조사를 통해 조금이라도 소비자와 시장에 대한 인사이트를 넓히고 이해할 수 있는 기회를 마련했으면 좋겠습니다.

코로나19 이후 시대의 시장 조사

많은 분들이 앞으로의 사회는 코로나 발생 이전 시대와 코로나 발생 이후 시대로 나뉠 것이라고 예상하고 있습니다. 그럴 수밖에 없는 이유가 사람과 사람과의 관계 그리고 업무의 형태가 변화하고 있고, 구매 의사 결정 과정에 따른 물건을 선택하는 방식에도 엄청난 변화가 있을 수밖에 없는 아주 강제적인 환경이 만들어졌기 때문입니다.

2000년대에 들어서면서 전통적인 소비자 구매 과정 모델인 AIDA모델(Attention - Interest - Desire - Action)이 일본의 광고회사 덴츠가 제시하였던 AISAS모델(Attention - Interest - Search - Action - Share) 옮겨지고 있습니다. 과거에는 광고 혹은 지인의 소개(구전)으로 제품에 대한 관심을 갖게 되면 매장으로 가서 해당 제품을 요모조모 살펴보고서 구매를 하는 과정이 기본적인 모델이었습니다. 하지만 2000년대에 들어와서는 광고나 지인의 소개로 제품 인지를 한 다음, 인터넷을 통해 제품에 대한 정보 검색과 사용 후기 등을 살피고, 충분한 정보 확인을 한 후 구매를 진행하는 방식으로 바뀌고 있습니다. 또 자신이 구매한 경험을 다른 사람에게 공유하는 것도 너무나도 일상화되고 당연한 일이 되었습니다. 아시다시피 코로나는 AIDA에서 AISAS로 바뀌고 있는 구매 의사 결정 과정의 변화 속도를 더욱더 앞당겨 버렸습니다. 이제 유통의 중심도 온라인, 특히 모바일 중심으로 완전이 넘어가 버렸고, 유통 채널의 키플레이어의 위치도 뒤바뀌고 있습니다. 이렇게 숨 가쁘게 변화하는 세상에서는 우리는 시장을 어떻게 읽을 것이며 소비자를 어떻게 이해해야 할까요?

그동안은 대기업이 상대적으로 유리한 입장에 있었습니다.

코로나로 인해 개인 격벽과 마스크를 한 채 FGI를 진행하는 모습

풍부한 자금력과 인력을 바탕으로 다양한 조사를 할 수 있었기 때문입니다. 하지만 코로나 시대에는 이조차도 불가능한 상황이 되어버렸습니다. 이제, 대기업이나 중소기업이나 시장 조사의 어려움을 겪는 건 매한가지가 되었습니다.

앞의 사진은 2020년 8월 촬영된 시장 조사 장면입니다. 과거에는 상상도 못했던 장면입니다. 칸막이와 마스크를 쓴 채 사회자가 FGI를 진행하고 있습니다. 불과 작년까지만 해도 절대로 생각하지 못 했던 상황입니다. 그나마 이렇게 얼굴을 마주보고 진행하는 FGI조사는 이날(2020년 8월)이 마지막이었습니다.

이 같은 상황이 계속 유지된다면 그리고 대면으로 할 수 있는 조사가 모두 중단된다면 그다음으로 선택할 수 있는 방법은 무엇이 있을까요? 물론, 온라인으로도 FGI를 진행할 수 있습니다. 온라인 수업에 활용되는 프로그램 등을 이용해 여러 명의 토론자가 한방에 들어와서 사회자를 중심으로 온라인 토론을 하는 방식으로 FGI를 진행할 수도 있습니다. 하지만 이런 방식은 어쨌거나 한계가 있을 수밖에 없습니다. 시장 조사라는 게 언제나 완벽할 수 없는 상황에서 그나마 훈련받은 사회자가 조사에 참여한 분들의 섬세한 반응이나 다른 사람과의 교감 등을 직접 눈으로 확인하면서 소비자의 마음을 파악할 수 있는데, 온라인으로 FGI를 진행하게 되면 그 같은 섬세한 조사를 한다는 것이 불가능해지게 됩니다. 조사 참여자가 옆 사람으로부터 영향을 받는 것도, 미세한 감정의 변화를 캐치하거나 이야기하고 싶지 않아 하는 부분을 발견하고 좀 더 깊이 있는 질문을 하는 것 등도 온라인 상으론 불가능하기 때문입니다. 그나마 정성적인 조사에 비해 정량적인 조사는 상대적으로 문제가 작을 것 같지만, 정성 조사와 정량 조사가 상호 보완의 과정을 통해 원인과 결과를 이해해야 하는 전체적인 조사 과정을 생각하게 된다면 어느 하나가 소홀해지면 정상적인 조사가 되었다고 말하기 어렵습니다. 당연히 조사 결과를 신뢰하기도 어렵고요.

대기업이든 중소기업이든 1인 사업자든 간에 시장 조사에서 만큼은 누구나 평등해졌다고 말해야 할지도 모릅니다. 누구나 소비자를 이해하는 것이 어려워진 시대에 살게 되었습니다. 그럼에도 우리는 매일 같이 소비자의 마음을 읽어야 하고, 제품과 서비스에 내가 발견한 것들을 담아내야 합니다.

이 책에는 기본적인 시장 조사 방법과 조사 결과를 어떻게 해석해서 소비자를 이해할 것인지를 알려주는 방법이 담겨 있습니다. 이 책에서 소개한 시장 조사 방법은 코로나 시대를 거치면서 새롭게 발전할 것입니다. 여러분 스스로 그 방법을 찾아낸다면 여러분들에게는 새로운 경쟁력이 될 것입니다.

시장을 읽는 방법이 새롭게 열리고 있습니다. 이 책이 이 어려운 시기에 조금의 도움이라도 된다면 정말 기쁘겠습니다.

참고 문헌

1. 『1만 시간의 재발견』 안데르스 에릭슨 등 지음, 강혜정 옮김, 비즈니스북스, 2016년

2. 《마케팅조사 현장에서 ethnography 원리의 적용방안에 관한 연구 - 조사연구 11권 3호》 유창조, 한국조사연구학회, 2010년

3. 『이모션』 한스 게오르크 호이젤 지음, 배진아 옮김, 흐름출판, 2012년

4. 『정보 정리의 기술』 와다 히데키 지음, 이동희 옮김, 리베르, 2010년

5. 『소크라테스의 변명』 플라톤 지음, 강철웅 옮김, 아카넷, 2020년

6. 『마케팅이란 무엇인가』 폴 스미스 지음, 최경남 옮김, 거름, 2005년

7. 『마케팅조사론(4판)』 채서일/장우정 지음, 비앤엠북스, 2019년

8. 『포커스 그룹 연구 방법론 이론과 실제』 데이비드 스튜어트 등 지음, 강종구 등 옮김, 학지사, 2018년

9. 『셀프 브레인 스토밍』 윤상원 지음, 광문각, 2018년

10. 『디커플링』 탈레스 테이셰이라 지음, 김인수 옮김, 인플루엔셜, 2019년

11. 『소셜 미디어 PR』 이종혁 등 지음, 커뮤니케이션북스, 2012년

시장 조사를 어려워하는 사람들을 위한
시장 조사 잘하는 습관

초판 1쇄 발행	2020년 11월 23일
초판 2쇄 발행	2022년 3월 14일

지은이	김윤태
펴낸이	김옥정

만든이	이승현
디자인	스튜디오진진

펴낸곳	좋은습관연구소
주소	경기도 고양시 후곡로 60, 303-1005
출판신고	2019년 8월 21일 제 2019-000141
이메일	lsh01065105107@gmail.com

ISBN	979-11-971769-2-0 (13320)

당신의 이야기, 당신의 비즈니스, 당신의 연구를 습관으로 정리해보세요.
좋은습관연구소에서는 '좋은 습관'을 가진 분들의 원고를 기다리고 있습니다.
메일로 문의해주세요.

네이버/페이스북/유튜브 검색창에 '좋은습관연구소'를 검색하세요.